TEXTES OFFICIELS

CONCERNANT

LA RÉGLEMENTATION DES JEUX

DANS LES CERCLES

CONSTITUÉS SOUS LE RÉGIME DE LA LOI DU 1er JUILLET 1901
SUR LES ASSOCIATIONS

LOIS — DÉCRETS — ARRÊTÉS

1929

MINISTÈRES DES FINANCES ET DE L'INTÉRIEUR

TEXTES OFFICIELS

CONCERNANT

LA RÉGLEMENTATION DES JEUX

DANS LES CERCLES

CONSTITUÉS SOUS LE RÉGIME DE LA LOI DU 1er JUILLET 1901
SUR LES ASSOCIATIONS

LOIS — DÉCRETS — ARRÊTÉS

PARIS
IMPRIMERIE ADMINISTRATIVE CENTRALE
8, rue de Furstenberg, 8

1929

NOTE DE L'ÉDITEUR

« Le succès de l'instruction sur la réglementation des jeux « dans les CASINOS dont, la première édition 1925, est sur « le point d'être épuisée et qui va prochainement faire l'objet « d'une réimpression; nous a amené à examiner, s'il n'y « aurait pas lieu, de faire paraître, un fascicule analogue « pour les CERCLES. »

La situation, toutefois, n'est pas tout-à-fait la même, car au lieu d'une Instruction d'ensemble comme celle qui existe pour les CASINOS, on ne trouve, pour les CERCLES, qu'une série de textes successifs : Lois, Décrets, Arrêtés; dont les derniers ont modifié dans une certaine mesure les dispositions primitivement adoptées.

Nous avons dû, en conséquence, nous borner à donner ces textes, non tels qu'ils ont paru à l'origine, mais tels qu'ils sont applicables aujourd'hui, ce qui constitue une grande facilité pour ceux qui ont à s'y reporter.

Tel est l'objet du présent fascicule.

Décembre 1929.

TEXTES OFFICIELS

CONCERNANT

LA RÉGLEMENTATION DES JEUX

DANS LES CERCLES

CONSTITUÉS SOUS LE RÉGIME DE LA LOI DU 1er JUILLET 1901

SUR LES ASSOCIATIONS

LOI DU 30 JUIN 1923

Art. 47. (1). — Les jeux de hasard ne peuvent être pratiqués dans les cercles constitués sous le régime de la loi du 1er juillet 1901 qu'en vertu d'une autorisation toujours révocable du Ministre de l'Intérieur, et sous réserve :

1° Que les femmes n'y soient pas admises ;

2° Que la direction et le fonctionnement des jeux soient assurés en conformité des règles posées par le décret qui déterminera les modalités d'application du présent article et de l'article suivant ou par les instructions administratives ;

3° Que la déclaration prévue par l'article 5 de la loi précitée du 1er juillet 1901 ait été souscrite et que l'engagement ait été pris, tant de verser régulièrement au Trésor le montant de l'impôt sur le produit brut des jeux dont le taux est fixé à l'article suivant, que de se soumettre aux mesures de contrôle qui seront prévues par l'arrêté d'autorisation et qui comporte le droit, pour les agents de l'Administration, de pénétrer à toute heure dans les locaux du cercle.

---

(1) Tel qu'il a été complété par l'article 14 de la loi de finances du 19 décembre 1926.

Les cercles existants doivent prendre l'engagement visé plus haut, et, s'il y a lieu, souscrire la déclaration dans le délai d'un mois à compter de la date de promulgation de la présente loi.

Dans les cercles nouvellement constitués, les jeux de hasard ne peuvent être pratiqués qu'après notification de l'arrêté d'autorisation.

Sur les enjeux des joueurs des jeux de hasard, le taux de prélèvement fixé par le décret prévu ci-dessus sera le même dans tous les cercles imposés, aussi bien ceux autorisés après le vote de la loi, que ceux existant, par tolérance, avant la loi. Les anciens tarifs de prélèvement sont supprimés. Il n'y aura aucune exception.

Art. 48. (1). — A partir de la promulgation de la présente loi et sans attendre les arrêtés d'autorisation à intervenir, les cercles visés à l'article précédent sont frappés d'un impôt représentant la différence entre :

D'une part, le total obtenu en appliquant au produit brut des jeux de hasard le tarif suivant (2).

20 p. 100 jusqu'à 1 million de francs;

30 p. 100 de 1,000,001 francs à 2 millions de francs;

40 p. 100 de 2,000,001 francs à 3 millions de francs;

50 p. 100 de 3,000,001 francs à 4 millions de francs;

60 p. 100 au-dessus de 4 millions de francs;

et, d'autre part, le montant des taxes sur les cercles acquittées, au titre de l'année précédente, tant au profit de l'État que de la commune.

Le produit net ainsi déterminé est attribué à raison de 40 p. 100 à l'État, de 20 p. 100 aux œuvres désignées dans la loi du 15 juin 1907 réglementant le jeu dans les casinos des stations balnéaires, ther-

---

(1) Tel qu'il a été modifié par l'article 14 de la loi de finances du 19 décembre 1926 et par l'article 140 de la loi de finances du 30 décembre 1928.

(2) Ce tarif n'est pas en concordance avec celui qui figure à l'article 95 du troisième décret portant codification de la législation en matières de contributions indirectes. Par suite, en effet, de l'institution, postérieure à la loi du 30 juin 1923, du double décime frappant tous les impôts perçus au profit de l'Etat, le tarif fixé par cette dernière loi s'est trouvé ainsi modifié :

21,60 p. 100 jusqu'à 1 million de francs ;
32,40 p. 100 de 1.000.001 à 2 millions de francs ;
43,20 p. 100 de 2.000.001 à 3 millions de francs ;
54 p. 100 de 3.000.001 à 4 millions de francs ;
64,80 p. 100 au-dessus de 4 millions de francs.

Le produit de ces majorations de 1,60 — 2,40 — 3,20 — 4 et 4,80 p. 100, revenant intégralement à l'Etat, est versé dans les caisses du Trésor, avant qu'il soit procédé à la répartition du produit de l'impôt entre l'Etat et les œuvres bénéficiaires.

males et climatériques, et de 40 p. 100 aux dispensaires d'hygiène sociale et de préservation antituberculeuse réglementés par la loi du 16 avril 1916, aux sanatoriums régis par la loi du 7 septembre 1919, ainsi qu'aux préventoriums et aux organismes de lutte anticancéreuse et antivénérienne agréés par le Ministère chargé del'Hygiène et aux écoles d'infirmières d'hygiène sociale reconnues administrativement.

Les sommes provenant du pourcentage attribué aux œuvres désignées dans la loi du 15 juin 1907 sont réparties entre les œuvres d'assistance, de prévoyance, d'hygiène ou d'utilité publique par la Commission instituée en vertu du décret du 15 juin 1907.

Les sommes provenant du pourcentage attribué aux organismes de lutte antituberculeuse, anticancéreuse ou antisyphilitique sont rattachées au budget de l'État, à titre de fonds de concours, pour être employées par le Ministre de l'Hygiène, de l'Assistance et de la Prévoyance sociales en subventions à accorder aux organismes ci-dessus visés pour la création, l'agrandissement ou l'aménagement de leurs services.

Les fonds répartis en vertu de la loi susvisée du 15 juin 1907 et de la présente loi ne participent plus aux subventions prévues par la loi du 16 avril 1916.

L'impôt sur les jeux est exclusif de la taxe sur le chiffre d'affaires. Il supporte, à titre de frais de contrôle et d'encaissement, une majoration de 5 p. 100 de son montant net.

Art. 49. — Sans préjudice des peines prévues au paragraphe 2 du présent article, sera passible des sanctions de l'article 410 du Code pénal quiconque administre, dirige ou exploite un cercle où les jeux seraient pratiqués sans autorisation ou après retrait de l'autorisation. Il en sera de même des agents, préposés ou employés, spécialement affectés aux jeux. Les dispositions du paragraphe 3 de l'article 410 seront applicables.

Les manœuvres ayant pour but ou résultat de frauder ou de compromettre l'impôt édicté par l'article précédent seront punies soit d'une amende égale au quintuple des droits fraudés, lorsque ceux-ci pourront être déterminés avec précision, soit, dans le cas contraire, d'une amende fixée par le tribunal sur les mêmes bases et d'après les éléments d'information qui pourront lui être fournis par l'Administration, avec un minimum de 5,000 francs. En cas de récidive, le taux de l'amende sera doublé. Seront tenues solidairement de ces amendes toutes personnes dirigeant, administrant ou exploitant le cercle à un titre quelconque, comme aussi toutes celles qui auraient sciemment participé à la fraude ou l'auraient favorisée. Les poursuites seront effectuées par l'Administration des Contributions indirectes, qui agira selon les règles qui lui sont propres, mais sans qu'elle puisse transiger. L'article 112 de la loi du 25 juin 1920 sera applicable.

Toutes autres infractions aux deux articles précédents, au décret rendu pour leur application ou aux arrêtés d'autorisation seront punies d'une amende de 500 à 10,000 frans.

L'article 463 du Code pénal sera applicable, mais le tribunal ne pourra, dans aucun cas, prononcer la condamnation à une amende fiscale inférieure au montant des droits fraudés. Le sursis de la loi du 26 mars 1891 ne pourra être appliqué aux amendes pénales ou fiscales.

Les infractions aux prescriptions des deux articles précédents, du décret ou de l'arrêté susvisés seront constatées au moyen de procès-verbaux dressés par les officiers de police judiciaire ou les agents des Contributions indirectes et poursuivies devant les tribunaux correctionnels.

DÉCRET DU 22 JUILLET 1923

relatif à la mise en application des articles 47, 48 et 49 de la loi de finances du 30 juin 1923 qui ont institué un impôt sur le produit des jeux de hasard dans les cercles constitués sous le régime de la loi du 1er juillet 1901 sur les associations.

RAPPORT

AU PRÉSIDENT DE LA RÉPUBLIQUE FRANÇAISE.

Paris, le 22 juillet 1923.

Monsieur le Président,

Les articles 47, 48 et 49 de la loi de finances du 30 juin 1923 ont institué un impôt sur le produit brut des jeux de hasard dans les cercles régis par la loi du 1er juillet 1901 sur les associations.

Aux termes de l'article 48, cet impôt est dû à partir de la promulgation de la présente loi, mais comme l'article 47 accorde aux cercles existants un délai d'un mois pour se faire connaître et comme l'arrêté d'autorisation du Ministre de l'Intérieur qui déterminera les mesures de contrôle auxquelles ils devront se soumettre ne pourra pas intervenir avant un certain délai, il y aura forcément une période transitoire pendant laquelle la loi ne pourra pas être appliquée dans toute sa rigueur. Mais encore faut-il que, pendant cette période, les cercles sachent dans quelle forme ils devront solliciter l'autorisation de jeux et de quelle manière ils auront à calculer le produit brut des jeux de hasard assujetti à l'impôt.

A cet effet, les questions qu'il importe de résoudre immédiatement sont les suivantes :

1° Quels sont les jeux qui peuvent être pratiqués dans les cercles ?

2° Parmi ces jeux, quels sont ceux qui, au point de vue purement fiscal, seront considérés come jeux de hasard ou comme jeux de commerce ?

3° Les mêmes mesures de contrôle doivent-elles être appliquées à tous les cercles sans distinction ou bien y a-t-il lieu, comme les termes de la rubrique 3° de l'article 47 semblent l'indiquer, de prévoir des mesures de contrôle plus ou moins strictes selon le mode d'administration du cercle, l'emploi donné au produit de la cagnotte et l'intérêt du Trésor au point de vue du rendement de l'impôt ?

4° Dans quelle forme et sous quelles signatures les demandes d'autorisation doivent-elles être formulées par les cercles existants?

5° Quelles obligations faut-il imposer aux cercles pour constater les sommes dues, au titre du nouvel impôt, dès la mise en application de la loi et sans attendre que les arrêtés d'autorisation soient intervenus

Sur le premier point, il est évident que, par le fait d'avoir voté trois articles dans une loi de finances pour imposer un produit qui ne l'était pas encore, le législateur n'a entendu ni modifier la situation juridique antérieure des cercles, ni permettre à ces associations de se transformer en maisons de jeux. En conséquence, les jeux, tels que la « roulette » et le « trente-et-quarante », où l'établissement tient la banque contre ses clients, ne sauraient être autorisés sous aucun prétexte dans les cercles placés sous le régime de la loi de 1901.

Les seuls jeux susceptibles d'être admis sont ceux qui sont pratiqués entre membres du cercle, et non point entre le cercle et ses membres. En d'autres termes, il n'y a rien à changer aux habitudes antérieures et l'on continuera, comme par le passé, à jouer dans les cercles le baccara à deux tableaux, le baccara chemin de fer, la chouette à l'écarté, l'écarté ordinaire, le poker, le bridge, etc. Mais faut-il procéder par voie d'énumération et spécifier dans les arrêtés d'autorisation quels seront les jeux autorisés dans chaque cercle ? Il ne semble pas qu'il y ait lieu d'entrer dans cette voie, car les habitudes sont tellement différentes, à cet égard, selon les différentes catégories de cercles et selon les régions, qu'il y aurait là une complication parfaitement inutile. Le mieux serait de laisser à cet égard toute liberté aux cercles, sous réserve d'interdire, par voie de disposition générale, et au fur et à mesure des données de l'expérience, les jeux qui ne paraîtraient pas présenter toutes les garanties désirables, comme par exemple le baccara à un tableau dit « faucheuse ».

La seconde question a trait au point de savoir quels seront, parmi les jeux pratiqués entre membres du cercle, ceux qui, en ce qui concerne l'exigibilité de l'impôt, seront considérés ou non comme « jeux de hasard ».

Cette question, d'ordre exclusivement fiscal, n'intéresse en rien la police des jeux, mais elle est particulièrement délicate, car on est loin d'être d'accord sur la distinction entre les jeux de hasard et les jeux de commerce, qui ne sont pas du tout les mêmes selon qu'on s'en rapporte soit aux décisions de justice rendues pour l'application de l'article 410 du code pénal, soit aux statuts de certains cercles dans lesquels on va jusqu'à compter le baccara lui-même parmi les jeux de commerce. Fort heureusement, dans l'espèce, les débats parlementaires témoignent avec netteté des intentions du législateur, puisque la Chambre des députés, après avoir entendu les déclarations des Ministres des Finances et de l'Intérieur et les explications du commissaire du Gouvernement a rejeté, par un scrutin public et à une grosse majorité, un amendement tendant à supprimer les mots « de hasard » au premier paragraphe de l'article 47 et à imposer ainsi la cagnotte de tous les jeux sans exception.

Il résulte nettement de la discussion qui a eu lieu le 22 janvier 1923 (*Journal Officiel* du 23, p. 276 à 280) que sans s'inquiéter de rechercher quelle peut être la définition académique exacte des « jeux de hasard », la Chambre n'a entendu frapper que la cagnotte des véritables jeux d'argent et que, par son vote, elle a ratifié les propositions du Gouvernement, à savoir qu'au point de vue fiscal, le seul à considérer en l'espèce :

1° Le baccara à deux tableaux, le baccara chemin de fer, ainsi que tous les jeux où les pontes parient sur les chances des joueurs tenant les cartes, seront toujours considérés comme « jeux de hasard »;

2° Les autres jeux, c'est-à-dire ceux où sont seuls intéressés les joueurs tenant les cartes, ne pourront être tenus pour « jeux de commerce » et rester ainsi en dehors du cadre d'application de la loi, qu'à la condition d'être frappés d'une cagnotte très modérée dont le taux maximum sera fixé par décret.

Selon la manière dont il est pratiqué et selon le mode de perception au profit de la cagnotte, le même jeu peut donc être considéré tantôt comme jeu de hasard, tantôt comme jeu de commerce. C'est ainsi, par exemple, que l'écarté est jeu de commerce quand deux joueurs font une partie, sans que personne parie ni pour l'un ni pour l'autre, et quand la perception au profit de la cagnotte ne dépasse pas, par séance et par joueur, un certain maximum. La chouette à l'écarté est au contraire toujours jeu de hasard. De même pour le poker, qui devient jeu de hasard dès que la cagnotte perçoit, au lieu d'un droit fixe très modéré par séance, un droit basé sur la durée de la partie ou l'importance des enjeux. Quand au bridge auquel il a été spécialement fait allusion dans la discussion, il constitue essentiellement, par sa nature même, un jeu de commerce, mais il n'en sera pas moins considéré comme jeu de hasard lorsque, en raison de l'importance des enjeux, le cercle aura fixé la cagnotte à un taux plus élevé que celui admis pour les jeux de commerce.

En d'autres termes, on peut dire que pour l'application de la nouvelle loi, tous les jeux qui sont une source de profits appréciables pour le cercle sont considérés comme jeux de hasard, alors que l'expression « jeux de commerce » s'applique exclusivement aux jeux dans lesquels le droit payé par les joueurs représente à peu de chose près le remboursement des dépenses faites par le cercle pour l'achat des cartes employées, l'éclairage de la table et autres menus frais.

L'article 47 dispose que les cercles doivent prendre l'engagement « de se soumettre aux mesures de contrôle qui seront prévues par l'arrêté d'autorisation et qui comportent le droit, pour les agents de l'Administration, de pénétrer à toute heure dans les locaux du cercle ».

De ce fait que les mesures de contrôle ne seront point déterminées par des textes d'ordre général applicables sans distinction à tous les cercles, mais par les arrêtés individuels d'autorisation, il résulte nettement que l'intention du législateur a été de ne point soumettre tous les cercles à des mesures de contrôle identiques. Tel était d'ailleurs le point de vue des rédacteurs du projet de loi, qui avaient introduit dans le même article un paragraphe ainsi conçu : « L'Administration peut toutefois se contenter d'une simple déclaration, sans autre mesure de contrôle, lorsqu'il s'agit d'un cercle strictement fermé où la cagnotte, fixée à un taux très modéré, est peu productive par rapport au chiffre élevé de la somme payée au titre de la taxe sur les cercles. »

La Chambre ayant adopté sans discussion, d'accord avec la Commission des Finances et le Gouvernement, un amendement, d'ailleurs non motivé, tendant à la suppression de ce paragraphe, la question se pose de savoir si, nonobstant le maintien intégral du paragraphe précédent relatif aux arrêtés d'autorisation individuels, on doit placer, au point de vue du contrôle, tous les cercles sous le même régime. Ni les travaux parlementaires antérieurs, ni la discussion devant la Chambre ne fournissent d'indication à cet égard, mais le rapport de M. Henry Bérenger, sur lequel l'article 47 a été voté par le Sénat tel qu'il avait été adopté par la Chambre, présente (page 229) un commentaire qui éclaire singulièrement la question. Après avoir rappelé la suppression de la disposition dont il s'agit, l'honorable rapporteur s'exprime ainsi :

« La Chambre l'a supprimée d'accord avec sa Commission des Finances et le Ministre des Finances, qui ont estimé que cette suppression ne présentait dans la pratique aucun inconvénient au point de vue de l'application même de la loi. Il est évident que, même si les règles de contrôle de ceux des cercles fermés où le jeu n'est qu'un accessoire ont été déterminées par le législateur, l'Administration s'abstiendra d'y exercer une surveillance dispendieuse, vexatoire et parfaitement inutile. Par le jeu même du dégrèvement à la base, ces cercles, lourdement frappés par la taxe sur les cotisations et la valeur locative des locaux occupés, n'auront en effet rien à payer au titre de l'impôt sur la cagnotte ».

De ce commentaire que le Sénat a ratifié en votant l'article sans discussion, on doit conclure que l'Administration est en droit de faire une distinction entre les cercles et de proportionner pour chacun d'eux la sévérité des mesures de contrôle à l'intérêt que peut avoir le Trésor à exercer sur le produit brut des jeux de hasard une surveillance plus ou moins stricte, mais que, pour tenir compte du vote de la Chambre, l'on ne devra pas, en ce qui concerne les cercles fermés, aller aussi loin qu'on l'avait prévu tout d'abord. L'Administration ne renoncera à aucun des droits que lui confère la loi, mais elle s'abstiendra bénévolement de les exercer toutes les fois que l'intérêt du Trésor le permettra, c'est-à-dire lorsqu'il sera dûment établi que, par suite du jeu du dégrèvement à la base, un cercle strictement fermé n'aura rien ou presque rien à payer au titre de l'impôt sur le produit brut des jeux de hasard. Au contraire, l'Administration devra soumettre à un contrôle effectif ceux des cercles fermés où, par suite de l'activité de la partie, la cagnotte dépasse sensiblement le montant de la taxe sur les cercles.

Les mesures de contrôle à appliquer dans les différents cas qui peuvent se présenter ne seront d'ailleurs déterminées qu'ultérieurement.

Ces questions préjudicielles tranchées, reste à savoir dans quelle forme et sous quelles signatures les cercles devront faire la déclaration et prendre les engagements prévus à l'article 47.

A ce point de vue, il y a une distinction essentielle à faire entre les cercles fermés et les cercles ouverts, c'est-à-dire entre les cercles qui s'administrent eux-mêmes et où le produit intégral de la cagnotte est versé dans la caisse du cercle et ceux dont le comité d'administration s'est déchargé sur un tiers d'une partie de ses attributions normales et où ce tiers conserve une partie ou la totalité du produit brut des jeux, moyennant certains avantages qu'il consent au cercle.

La situation de ces deux catégories de cercles est tout à fait différente et, si le comité d'administration d'un cercle fermé, qui a conservé sa pleine autorité sur toutes les branches de l'activité du cercle, a seul qualité pour formuler la demande d'autorisation de jeux, il n'en est pas de même du comité d'administration d'un cercle ouvert, dont l'autorité est limitée, sinon totalement annihilée, par celle du tiers avec lequel il a traité et des associés ou collaborateurs de ce tiers, maîtres incontestés et incontestables des salles de jeux. Dans un cercle ouvert, le comité d'administration ne sera certainement pas en mesure de fournir sur le produit brut des jeux de hasard des années antérieures et sur l'emploi qui a été donné à ce produit brut, les renseignements que le comité d'administration d'un cercle fermé trouvera le plus facilement du monde dans la comptabilité généralement très bien tenue de ce genre d'associations.

Dans ces conditions, il a paru qu'il convenait de prévoir deux formules différentes de déclarations, dont l'une présentera, au point de vue des conditions du fonctionnement antérieur du cercle, des renseignements beaucoup plus explicites que la seconde.

La première formule sera utilisée par les cercles qui croiront se trouver dans les conditions requises pour pouvoir obtenir le bénéfice d'un régime de faveur au point de vue du contrôle. En ce qui concerne les cercles de cette catégorie, c'est-à-dire ceux qui seront en mesure de fournir les renseignements et de souscrire les déclarations établissant qu'ils sont bien, sans contestation possible, des cercles fermés s'administrant eux-mêmes, la demande d'autorisation sera formulée, au nom du comité d'administration, par le président (ou en cas d'empêchement par un vice-président), par le trésorier (ou par un membre du comité délégué dans les fonctions de trésorier) et par deux membres du comité choisis de préférence parmi ceux qui sont plus spécialement chargés de s'occuper des questions de jeux.

Les cercles ou le comité d'administration s'est déchargé sur un tiers de la direction des jeux feront usage de la seconde formule. Dans ce cas, la demande d'autorisation sera formulée concurremment, au nom du cercle lui-même, d'une part par le tiers en question et par le principal de ses associés ou, s'il n'a pas d'associés, par le principal de ses collaborateurs, qu'ils soient ou non membres du cercle, et, d'autre part, par le président (ou en cas d'empêchement par un vice-président) et par un membre du comité d'administration.

Il est essentiel, au point de vue de la bonne exécution de la loi, que l'Administration ne trouve pas en face d'elle un homme de paille et si celui qui est, dans chaque cercle, le véritable maître des salles de jeux venait à dissimuler sa personnalité derrière un comparse quelconque, l'autorisation des jeux serait refusée au cercle, ou lui serait retirée, au cas où la fraude n'aurait été constatée que postérieurement à l'intervention de l'arrêté d'autorisation.

D'ailleurs, tous les renseignements donnés dans la demande d'autorisation, aussi bien sur les conditions générales du fonctionnement du cercle que sur les personnes exerçant l'autorité dans les salles de jeux doivent être d'une exactitude rigoureuse. Si, en effet, il venait à être établi par la suite qu'on a cherché à induire l'Administration en erreur en lui fournissant des renseignements controuvés ou des chiffres faux, la responsabilité personnelle des signataires de la demande se trouverait gravement engagée et il en résulterait, tant pour le cercle que pour eux, les plus fâcheuses conséquences, puisque, sans préjudice du retrait de l'arrêté d'autorisation de jeux, ils pourraient être déférés aux tribunaux par application de l'article 49 de la loi.

Mais il ne faudrait pas conclure de ce qui précède que l'on va procéder, à l'égard des cercles placés sous le régime de la loi de 1901, de la même manière qu'à l'égard des casinos régis par la loi de 1907. La situation des cercles, associations civiles dont les membres sont chez eux, est, en effet, toute différente de celles des casinos, établissements ouverts au public autorisés, par dérogation à l'article 410 du Code pénal, à exploiter commercialement les jeux. Il en résulte que les droits de l'Administration, lorsqu'il s'agit des premiers, sont moins étendus qu'en ce qui concerne les seconds.

En l'espèce et aux termes mêmes de l'article 47 de la loi du 30 juin 1923, ces droits paraissent devoir être limités à trois points bien déterminés :

1° Veiller à ce que les femmes ne fassent pas partie des cercles;

2° Tenir la main à ce que, au point de vue de la sincérité des jeux, tout se passe correctement et prendre toutes mesures utiles à cet effet, comme par exemple, interdire l'entrée des cercles aux individus douteux, employés ou joueurs, soupçonnés ou convaincus de combinaisons malhonnêtes;

3° S'assurer qu'il ne se produit ni dissimulation du produit brut des jeux, ni manœuvres ayant pour objet de réduire ce produit et exercer à cet égard un contrôle aussi rigoureux qu'il sera nécessaire.

Mais pour tout le reste, heures d'ouverture et de fermeture, allumage, prêts aux joueurs, rétributions du personnel, etc., il ne semble pas qu'il y ait lieu de réglementer, comme on a fait pour les casinos. Les membres des cercles sont chez eux et, sauf sur les trois points indiqués plus haut, on doit leur laisser toute liberté, à moins, bien entendu, qu'il ne se produise des abus graves et que, contre son désir, l'Administration se trouve forcée d'intervenir.

Quant aux obligations à imposer aux cercles pour constater dès maintenant les sommes dues au titre du nouvel impôt, elles devront se borner pour l'instant à prescrire la tenue d'une comptabilité spéciale des recettes des jeux et à prévoir la possibilité, pour les agents de l'Administration, de s'assurer que cette comptabilité est bien tenue à jour. Tant, en effet, que les cercles assujettis à l'impôt ne se seront pas fait connaître en formulant leur demande d'autorisation, tant que ces demandes n'auront pas été instruites, d'abord par l'autorité préfectorale, puis par la Direction de la Sûreté générale, tant que cette dernière ne se sera pas mise d'accord avec la Direction générale des Contributions indirectes sur les mesures de contrôle à appliquer à chaque cercle, selon ses conditions de fonctionnement, tant enfin, que les instructions nécessaires n'auront pas été adressées aux agents d'exécution, il ne sera pas possible de contrôler d'une manière efficace le produit brut des jeux de hasard et il faudra s'en rapporter presque exclusivement aux déclarations des cercles qui seront certainement très sincères pour les uns, mais peut-être moins sincères pour d'autres. Or, les différentes formalités énumérées plus haut exigeront un délai d'autant plus long qu'il s'agit d'une matière entièrement nouvelle, dont l'Administration n'avait jamais eu à s'occuper et qu'il va falloir faire l'éducation des agents qui seront chargés d'un contrôle d'une nature toute spéciale, auquel leurs connaissances antérieures ne les préparaient en aucune manière.

Cette période d'expectative tombe heureusement à l'époque de l'année où elle présente le moins d'inconvénients pour le Trésor, étant donné que, pendant les mois d'été, la plupart des joueurs vont dans les casinos et que la partie est peu active dans les cercles des grandes villes. Dès le mois d'octobre, il est probable que le contrôle commencera à s'organiser et qu'il pourra fonctionner normalement à partir du 1er janvier 1924.

Quoiqu'il en soit, une Commission spéciale composée d'un nombre égal de fonctionnaires de chacun des Départements des Finances et de l'Intérieur a été chargée d'étudier toutes les questions que soulève l'application des articles 47, 48 et 49 de la loi du 30 juin 1923 et c'est cette commission qui, s'inspirant des considérations développées dans le présent rapport, a élaboré le projet de décret que nous avons l'honneur de soumettre à votre signature.

TEXTE DU DÉCRET

Article premier. (1). — L'arrêté d'autorisation prévu par l'article 47 de la loi du 30 juin 1923 confère :

1° Aux membres du cercle qui a obtenu l'autorisation de jeux, le droit de pratiquer, entre eux, tous les jeux de hasard autres, d'une part, que le trente et quarante, la roulette et les jeux similaires, d'autre part, que le baccara à un tableau dit « faucheuse » et les jeux qui viendraient à être interdits par décision du Ministre de l'Intérieur, comme ne présentant pas toutes les garanties de sincérité désirables. Toutefois, la pratique de ceux des jeux de hasard qui, au lieu de cartes, comportent l'emploi d'un appareil quelconque est subordonnée à une autorisation spéciale du Ministre de l'Intérieur, autorisation qui résulte soit d'une mention expresse de l'arrêté d'autorisation, soit d'une décision distincte et qui, pour la variété du jeu de billard dite « de la baraque » ou « du multicolore », ne peut être accordé que dans les villes dont la population atteint au moins 100.000 habitants;

2° Au cercle lui-même, le droit de constituer une cagnotte à son profit.

Les membres du cercle, à l'exclusion de toute personne étrangère au cercle, peuvent seuls prendre part aux jeux.

Le cercle qui a obtenu l'autorisation de pratiquer les jeux du hasard a seul qualité pour utiliser cette autorisation qui lui est strictement personnelle et qu'il n'a le droit de céder ni à un autre cercle, ni à un particulier, même à titre gratuit, sous peine de retrait de l'autorisation. A cet égard, le cercle ouvert, tel qu'il est défini à l'article 6 du présent décret, qui change de nom, ou qui transporte son siège dans un autre quartier de la ville, ou qui modifie profondément la composition de son comité de direction des jeux, ou qui rouvre ses portes après une fermeture de trois mois au moins, est considéré comme un autre cercle et doit se mettre en instance pour obtenir une nouvelle autorisation.

L'autorisation de jeux n'étant pas dans le commerce, l'interdiction soit de la vendre, de la céder ou de la transférer, soit d'en faire l'objet d'une option ou d'une transaction quelconque, s'applique aussi bien au cercle lui-même qu'au tiers sur lequel le comité d'adminis-

(1) Tel qu'il a été modifié par l'article premier du décret du 3 mai 1929.

tration du cercle s'est déchargé de ses attributions en matière de jeux.

S'il apparaissait, au vu de l'une des clauses des contrats passés pour régler les questions d'argent soulevées par les mutations intervenues, qu'il a été passé outre à cette interdiction formelle, l'arrêté d'autorisation de jeux serait définitivement rapportée.

Art. 2. (1). — En principe et au point de vue purement fiscal, tous les jeux d'argent, jeux de cartes ou autres, sont considérés comme « jeux de hasard » et leur produit brut, sans aucune déduction pour quelque cause que ce soit, est passible de l'impôt institué par l'article 48 précité.

Toutefois, dans les cercles qui se sont fait connaître à l'Administration et qui ont fourni à cette dernière toutes justifications utiles, le caractère de « jeu de commerce » peut être reconnu, par exception, à des jeux d'argent à la double condition qu'aucun joueur ne parie sur les chances d'un autre et que la perception au profit de la cagnotte soit assez modérée pour que le cercle, rentrant simplement dans ses débours, n'en tire aucun bénéfice appréciable.

Les jeux d'argent, dont l'Administration, après examen des justifications produites par le cercle intéressé, n'a point contesté le caractère de « jeu de commerce » peuvent être pratiqués sans autorisation et leur produit n'est passible d'aucun impôt.

Les cercles qui ont obtenu ou qui se sont mis en instance pour obtenir l'autorisation afférente aux jeux de hasard bénéficient de plein droit de cette exemption d'impôt, pour les jeux de commerce, du seul fait qu'ils ont mentionné dans leur demande les jeux qu'ils considèrent comme étant « de commerce » et qu'ils ont indiqué les taux et conditions de la cagnotte de ces jeux. Mais ils sont tenus de mettre l'Administration au courant aussi bien des jeux nouveaux qui viendraient à être pratiqués que des changements qui seraient apportés aux taux ou aux conditions de la cagnotte.

Par contre, l'exemption d'impôt sur le produit des jeux de commerce n'est acquise aux autres cercles qu'à la condition d'avoir souscrit, avant le 1er juin 1924, pour les cercles existant à la date du 1er avril 1924 et dans les deux mois de leur constitution, pour ceux créés postérieurement à cette date, une déclaration spéciale conforme au modèle annexé au présent décret.

Les sanctions fiscales et pénales prévues par l'article 49 de la loi du 30 juin 1923 sont applicables dans le cas de fausse déclaration portant sur la nature des jeux pratiqués ou sur le taux et les conditions de la cagnotte.

---

(1) Tel qu'il a été modifié par l'article 3 du décret du 18 mars 1924.

Tout cercle où les jeux d'argent sont pratiqués, même à titre exceptionnel ou sans cagnotte, qui ne se serait pas conformé, dans les délais impartis, aux prescriptions du présent article, sera considéré comme maison de jeux candestine. D'autre part et tant que la situation n'aura pas été régularisée, l'impôt sera exigible sur le produit total de tous les jeux d'argent, sans distinction entre les jeux de hasard et ceux susceptibles d'être rangés dans la catégorie des jeux de commerce. Au besoin et à défaut de justifications suffisamment probantes fournies par le cercle, le produit des jeux sera évalué d'office d'après les éléments d'information possédés par l'Administration, sans préjudice, s'il y a eu « manœuvre ayant pour but ou résultat de frauder ou de compromettre l'impôt », de l'imposition au quintuple droit prévu à l'article 49 précité.

Le préfet transmet l'expédition sur timbre de la déclaration spéciale au Ministre de l'Intérieur (Direction de la Sûreté générale) et y joint un rapport dans lequel il fait connaître son avis sur la valeur de cette déclaration. Il adresse la deuxième expédition, avec une copie de son rapport, au Ministre des Finances (Direction générale des Contributions indirectes). Il conserve la troisième expédition, avec la minute du rapport, dans les archives de la Préfecture.

Dans le cas où l'Administration jugerait à propos de faire contrôler leur déclaration, les cercles intéressés seront tenus de fournir tous les renseignements qui leur seraient demandés et de se prêter à toutes les mesures d'investigation qui seraient prescrites, faute de quoi ils seront considérés comme se livrant aux jeux de hasard et soumis de ce chef à toutes les obligations résultant des articles 47, 48 et 49 de la loi du 30 juin 1923.

Art. 3. (1). — Les perceptions au profit de la cagnotte sont opérées au moyen de l'un ou l'autre des trois modes suivants :

1° Prélèvement sur le montant, soit des enjeux, soit du bénéfice réalisé, d'une somme fixée d'après un tarif progressif ou proportionnel;

2° Payement par chaque joueur d'un droit variable selon l'importance des enjeux ou la durée de la partie;

3° Payement par chaque joueur d'un droit fixe par séance, abstraction faite de l'importance des enjeux et de la durée de la séance.

---

(1) Tel qu'il a été modifié par l'article premier du décret du 11 janvier 1927, rendu en exécution de l'article 14 de la loi de finances du 19 décembre 1926 qui a ajouté un paragraphe à l'article 47 de la loi du 30 juin 1923.

Le décret du 11 janvier 1927, n'ayant pas d'autre objet, n'a pas été reproduit dans le présent fascicule.

En ce qui concerne ceux des enjeux de hasard où il n'y a pas de banque, le comité d'administration du cercle a le choix entre ces trois modes de perception et il fixe librement le taux de la cagnotte.

Par contre, au baccara à deux tableaux, comme à tous les jeux de hasard où un seul joueur tient la banque contre tous les autres, le taux de la cagnotte ne peut être inférieur ni à 5 p. 100 du montant de la banque primitive, des arrosages successifs et des sommes tenues en dehors, ni à 3.000 francs pour les banques ouvertes. De même, au baccara chemin de fer, ainsi qu'aux jeux où la banque est tenue par tous les joueurs à tour de rôle, le taux de la cagnotte ne peut être inférieur à 5 p. 100 des sommes gagnées à chaque coup par le joueur tenant les cartes. Toutes dispositions contraires sont abrogées.

Le troisième mode de perception est seul admis pour les jeux de commerce, sous réserve encore qu'il n'y ait pas plus de deux séances par jour séparées par l'heure du dîner, que le droit fixe n'excède pas 5 francs par séance et qu'il permette de s'asseoir, au cours de la même séance, à différentes tables du même jeu. Par exception, à partir de minuit, il est permis de percevoir un droit supplémentaire ne dépassant pas le droit primitif et qui s'ajoute à celui-ci.

Pour les jeux dont les conditions de fonctionnement ne se concilieraient avec aucun des trois modes de perception de la cagnotte indiqués plus haut, l'Administration peut autoriser un autre mode de perception.

Art. 4. (1). — ....

....

Art. 5. — L'un des modèles de demande d'autorisation annexés au présent décret est destiné à être utilisé par les cercles fermés, c'est-à-dire par les seuls cercles susceptibles d'obtenir un régime spécial en ce qui concerne le contrôle, à la condition encore que le produit brut probable de la cagnotte des jeux de hasard ne dépasse pas sensiblement le montant de la taxe sur les cercles.

Seront seuls, à ce point de vue, considérés comme cercles fermés, ceux qui s'administrent eux-mêmes;

Dont le comité d'administration (sous quelque nom qu'il soit désigné dans les statuts) a conservé la plénitude de ses attributions de direction sans s'être déchargé sur un tiers du soin de s'occuper des jeux;

Où les formalités de réception présentent de sérieuses garanties et

(1) Mesures transitoires devenues sans objet.

où aucune personne étrangère au cercle ne peut prendre part aux jeux, ni même pénétrer dans les salles de jeux;

Dans lesquels aucun membre ne reçoit, pour sa participation à l'administration du cercle, la moindre rétribution, sous quelque forme que ce soit (mensualité fixe, part sur le produit des jeux, frais de représentation, jetons de présence, repas gratuits ou autres avantages en nature dont ne bénéficieraient pas tous les membres du cercle, etc.);

Où l'autorité dans les salles de jeux est exercée par des membres du cercle, faisant ou non partie du comité, mais agissant pour le compte et sous l'autorité de ce dernier, sans en tirer aucun avantage personnel;

Où, enfin, le produit brut des jeux est intégralement versé dans la caisse du cercle, sans que personne en retienne une part quelconque à son profit.

La demande d'autorisation des cercles fermés sera formulée, au nom du comité d'administration, sous la signature de quatre des membres de ce comité, dont le président ou un vice-président et le trésorier. Elle présentera des renseignements très explicites sur les différents points visés plus haut, de manière à établir, sans contestation possible, le caractère de cercle fermé.

Art. 6. (1). — Les cercles qui ne remplissent pas simultanément toutes les conditions énumérées à l'article précédent seront considérés comme étant ouverts et ils feront usage du second modèle de formule.

La demande d'autorisation sera formulée au nom du cercle lui-même, sous la signature, d'une part, qu'ils soient ou non membres du cercle, du tiers qui a traité avec le comité d'administration pour la direction des jeux et du principal de ses associés où s'il n'a pas d'associés, du principal de ses collaborateurs et, d'autre part, du président ou d'un vice-président et d'un membre du comité d'administration.

Toutes les fois que le tiers visé ci-dessus vient à se retirer pour un motif quelconque, le cercle est tenu de souscrire une déclaration dans la forme du modèle annexé au présent décret (modèle n° 1).

En principe, le nouveau président du comité de direction des jeux ne peut entrer en fonctions qu'après approbation du Ministre de l'Intérieur et, dans l'intervalle entre le départ de son prédécesseur et son installation, les jeux ne peuvent continuer à être pratiqués dans le cercle, sous la direction intérimaire d'un membre du comité de direction des jeux ou du comité d'administration agréé par le

(1) Tel qu'il a été complété par l'article 7 du décret du 8 mai 1929.

préfet, qu'en vertu d'une autorisation spéciale de ce haut fonctionnaire.

Si, toutefois, la tenue du cercle est bonne, si les prescriptions réglementaires y sont régulièrment observées, si le président désigné du comité de direction des jeux présente les garanties nécessaires et si aucun changemnt de président du comité de direction des jeux ne s'est produit depuis moins de deux ans, le préfet peut, d'accord avec le directeur des Contributions indirectes, approuver la nomination du nouveau président et autoriser son installation immédiate sans avoir à en référer à l'Administration supérieure. C'est seulement dans le cas où les conditions visées plus haut ne se trouveraient point remplies simultanément que la déclaration devrait être adressée, avec l'avis motivé du préfet, aux Ministres de l'Intérieur et des Finances, dans les mêmes conditions que s'il s'agissait d'une demande d'autorisation.

Art. 7. — Les cercles où les jeux de hasard, tels qu'ils sont définis à l'article 2, ne sont jamais pratiqués, n'ont ni déclaration à faire, ni demande d'autorisation de jeux à déposer à la préfecture, mais si, par la suite, ils venaient à modifier leurs statuts en vue de permettre à leurs membres de se livrer aux jeux de hasard, ils se trouveraient, au point de vue de la demande d'autorisation, devenue nécessaire à ce moment, dans la situation légale d'un cercle nouvellement créé.

Art. 8. — La demande d'autorisation, qu'elle soit conforme à l'un ou l'autre modèle, est établie en trois expéditions, dont une sur papier timbré.

Chacune de ces expéditions est appuyée des pièces suivantes (imprimées, manuscrites ou composées à la machine à écrire) établies sur papier libre et certifiées exactes par le président du cercle :

1° Liste des membres du comité d'administration (sous quelque nom que ce comité soit désigné dans les statuts). Cette liste doit être en concordance absolue avec la déclaration faite à la préfectur en exécution de la loi du 1er juillet 1901 et comprendre tous les membres du cercle qui, d'après la déclaration primitive et les déclaration modificatives postérieures, participent, à la date de la demande, l'administration du cercle;

2° Texte des statuts actuels du cercle;

3° Si les statuts ont été modifiés depuis le 1er juillet 1921, le text des statuts précedemment en vigueur.

A l'appui de l'un des exemplaires, il est produit en outre les ave tissements ou extraits de rôle (1) afférents à la taxe sur les cercle (taxe sur les cotisations et sur la valeur locative des locaux occupés) imposée en 1921, 1922 et 1923 pour les années 1920, 1921 et 1922.

Art. 9. — Dès réception de la demande, le préfet s'assure que toutes les pièces voulues ont été produites; il vérifie les renseignements donnés; il s'assure que le cercle a bien fait, antérieurement à la date de sa demande d'autorisation, la déclaration prévue par l'article 5 de la loi du 1er juillet 1901 et qu'il y a concordance entre cette déclaration et les renseignements fournis dans la demande.

Ses constations font l'objet d'un rapport détaillé dans lequel il donne son appréciation sur le caractère du cercle et sur les garanties que présentent ses dirigeants. A la fin de son rapport, le préfet formule ses propositions motivées sur le point de savoir si les jeux de hasard peuvent ou non être autorisés et, dans l'affirmative, son de hasard peuvent ou non être autorisés et, dans l'affirmative, son appréciation sur l'opportunité d'exercer sur le cercle un contrôle plus ou moins rigoureux.

Dans le délai d'un mois à compter de la date du récépissé délivré par lui, le préfet transmet au Ministre de l'Intérieur (Direction de la Sûreté générale) la demande d'autorisation (sur papier timbré) appuyée des pièces indiquées à l'article précédent et de son rapport.

Le même jour, le préfet adresse au Ministre des Finances (Direction générale des Contributions indirectes) le double de la demande, des pièces (y compris les avertissements ou extraits de rôles) et de son rapport.

La troisième expédition, les pièces y annexées et la minute du rapport son conservées dans les archives de la préfecture.

Les articles suivants sont afférents à des mesures transitoires qui n'ont plus d'objet aujourd'hui.

DÉCRET DU 12 NOVEMBRE 1923

Article premier. — Pour l'application des articles 47, 48 et 49 de la loi du 30 juin 1923, les cercles constitués sous le régime de la loi du 1er juillet 1901 sont représentés auprès de l'Administration par un comité de direction des jeux, dont la composition est différente selon que le cercle rentre dans la catégorie des cercles fermés ou dans celle des cercles ouverts.

S'il s'agit d'un cercle fermé, le comité de direction des jeux est, en principe, composé exclusivement des membres du cercle désignés par le comité d'administration et il est présidé soit par le président du cercle, soit, si ce dernier entend ne pas intervenir dans les questions de jeux, par un vice-président délégué à titre permanent dans les fonctions de président dudit comité. Ce n'est qu'au cas où un cercle fermé ne se trouverait pas dans les conditions voulues pour être placé, au point de vue du contrôle, sous le régime spécial institué par les articles 11 et 12 du présent décret, que le comité de direction pourrait, exceptionnellement, comprendre des employés supérieurs des jeux, mais en nombre inférieur à celui des membres du cercle faisant partie de ce comité.

Quant au comité de direction des jeux des cercles ouverts, il est présidé obligatoirement par le tiers sur lequel le comité d'administration s'est déchargé de ses attributions en matière de jeux et il est composé, en dehors des trois personnes qui ont signé avec lui la demande d'autorisation, de plusieurs autres membres désignés, d'un commun accord, par le président du cercle et par le président du comité de direction des jeux, soit parmi les principaux associés ou collaborateurs de ce dernier, qu'il soient ou non membres du cercle, soit parmi les membres du comité d'administration.

Pour ceux d'entre eux qui ne sont pas membres du cercle, leur qualité de membre du comité de direction ne leur confère aucun privilège spécial, en ce qui concerne l'éventualité d'un congédiement, qui peut être prononcé dans les mêmes conditions que s'ils faisaient simplement partie du personnel rétribué des jeux.

Le président du comité de direction des jeux, à qui toutes les communications de l'Administration sont adressées, désigne un ou plusieurs des membres de ce comité qui, en cas d'empêchement, seront appelés à le suppléer.

En dehors des membres du comité de direction, nul ne peut exercer une autorité qulconque dans les salles de jeux, ni s'immiscer dans la direction des jeux.

Art. 2. — Dès notifications de l'arrêté d'autorisation, les cercles sont tenus de constituer, dans le délai d'un mois à compter de la date de cette notification, le comité de direction des jeux et de notifier sa constitution à l'Administration par une note adressée, avant l'expiration de ce délai et en triple expédition, d'une part, au Préfet de police dans le département de la Seine, au préfet (ou au sous-préfet) dans les autres départements, et, d'autre part, au directeur (ou au sous-directeur) des Contributions indirectes. Cette note présente, avec le spécimen de leurs signatures, les noms, prénoms et qualités dans le cercle des personnes choisies, d'après les distinctions prévues à l'article précédent, comme président, suppléants du président et membres du comité de direction des jeux

Le nombre des suppléants du président et des autres membres du comité est laissé à la libre appréciation des cercles, sous réserve qu'il soit suffisant pour assurer régulièrement le service, sans que jamais la partie ne fonctionne en dehors de la présence d'un membre au moins du comité ayant qualité pour recevoir les agents de contrôle qui viendraient à se présenter, leur fournir tous renseignements utiles et répondre à leurs observations.

Le Ministre des Finances ou le Ministre de l'Intérieur peuvent, à tout moment, soit requérir le remplacement de ceux des membres du comité des jeux dont l'Administration aurait à se plaindre ou qui ne paraîtraient pas présenter les garanties nécessaires, soit exiger la désignation de nouveaux membres au cas où leur nombre serait reconnu insuffisant.

Art. 3. — Les personnes qui ont fait l'objet d'une décision d'interdiction de jeux de la part de la Direction de la Sûreté générale ne peuvent pénétrer, tant que cette décision est maintenue, ni dans les salles de jeux, ni même dans les autres locaux des cercles.

En conséquence, le comité d'administration doit, à première réquisition adresée par l'Administration au président du comité de direction des jeux et sous peine du retrait de l'autorisation de jeux :

1° Prononcer soit l'exclusion (ou au moins la suspension temporaire) de ceux de ses membres, soit le congédiement de cèux dè ses employés, qui auraint été signalés par la Direction de la Sûreté générale comme interdits de jeux;

2° Prendre , sous sa responsabilité, toutes mesures utiles pour que ces personnes ne puissent, sous aucun prétexte, pénétrer dans les locaux du cercle comme invités ou à tout autre titre.

Art. 4. — Le produit brut des jeux passible de l'impôt institué par l'article 48 de la loi du 30 juin 1923 est déterminé par le montant intégral de la cagnotte des jeux de hasard, tels qu'ils sont définis par l'article 2 du décret du 22 juillet 1923.

Tout prélèvement opéré pour la cagnotte, aux jeux de cette catégorie, donne lieu à la délivrance de tickets d'égale somme, détachés séance tenante et ostensiblement d'un carnet à souche par un préposé du cercle qui en proclame en même temps le montant à haute voix. S'il s'agit d'un prélèvement sur le montant, soit des enjeux, soit du bénéfice réalisé, les tickets sont, après leur délivrance, laissés quelques instants sur la table de jeux de manière que les joueurs puissent les contrôler. Dans le cas, au contraire, où ils servent à constater le payement d'un droit dû par chaque joueur, les tickets sont remis au joueur qui a effectué le versement.

Les carnets de tickets, imprimés par l'Imprimerie nationale, sont pris en charge par les représentants de l'Administration des Finances et livrés, contre reçu et suivant les besoins du service, aux cercles qui en remboursent le prix. Au fur et à mesure qu'ils sont épuisés, les carnets ne comprenant plus que les souches sont restitués au représentant de l'Administration des Finances.

Il est tenu, dans chaque cercle, un compte d'emploi des carnets de tickets conforme au modèle donné par l'Administration des Finances.

Art. 5. — Les carnets de tickets sont remis, par l'administration du cercle, complets et au fur et à mesure des besoins, aux préposés, croupiers ou autres employés, chargés d'opérer les encaissements. Chaque carnet est spécialement affecté à l'employé auquel il a été confié, il porte le nom de ce dernier sur sa couverture et aucun autre employé n'est admis à en faire usage.

Chacun des préposés est muni, d'autre part, d'une caisse ou boîte-tirelire, dite « cagnotte » qui lui est propre et dans laquelle il introduit, immédiatement après le détachement des tickets, les sommes correspondantes.

Les préposés dont les opérations sont décrites séparément dans des carnets dits carnets d'enregistrement des cagnottes, d'un modèle donné par l'Administration des Finances, restent individuellement responsables, concurremment avec le cercle, tant du détachement régulier des tickets que de la concordance entre les sommes trouvées dans la cagnotte et la valeur des tickets détachés.

Dans le cas où, sans qu'il y ait soupçon de fraude motivant une décision d'interdiction de jeux, un préposé commettrait de fréquentes erreurs dans le détachement des tickets et n'arriverait pas à assurer, d'une manière habituelle, cette concordance nécessaire, l'Administration mettrait le comité de direction des jeux en demeure de ne point maintenir ce préposé dans l'emploi où les défaillances auraient été constatées.

Les cagnottes, dans la construction desquelles les vis sont remplacées par des rivets, sont disposées de telle sorte qu'elles ne puissent être ouvertes sans le concours de trois personnes, dont chacune est en possession d'une clé différente et qui sont l'employé titulaire de la cagnotte, le caissier du cercle et un membre du comité de direction; elles sont ouvertes autant de fois chaque jour que le préposé quitte son service momentanément ou définitivement.

Art. 6. — Les comptes de jeux sont tenus par cagnotte et l'on y porte, à chaque ouverture de cagnotte, la valeur des tickets détachés depuis l'ouverture précédente, à moins que la somme trouvée dans la cagnotte ne représente une valeur supérieure, auquel cas c'est cette dernière somme qui doit être inscrite.

L'administration du cercle décrit ces comptes sur un registre de contrôle, d'un modèle déterminé par l'Administration des Finances, coté et paraphé par un représentant de cette Administration. A la fin de chaque journée, ce registre doit être totalisé et visé par le président du comité de direction des jeux ou son suppléant et par un membre de ce comité.

Le registre de contrôle, qui donne simplement le produit brut des jeux de hasard, est complété par un autre document, dit carnet des prélèvements, dont l'objet est de faire ressortir les sommes dues par le cercle, au titre de l'impôt et de la taxe de 5 p. 100 pour frais de contrôle et d'encaissement, compte tenu du prélèvement progressif et de la déduction à la base.

Art. 7. — Les agents désignés par le Ministre des Finances ou par le Ministre de l'Intérieur pour effectuer le contrôle et l'encaissement de l'impôt sur le produit brut des jeux de hasard ont le droit de pénétrer à toute heure dans les locaux du cercle, aussi librement que s'ils en étaient mmbres ou s'ils faisaient partie du personnel; ils peuvent assister à la partie et se faire représenter sur place les carnets de tickets, les carnets d'enregistrement des cagnottes, le registre de contrôle et les cagnottes elles-mêmes. Ils ont également la faculté de prendre communication, sans déplacement, de tous les autres livres de comptabilité ou de contrôle tenus par le cercle, ainsi que de toutes pièces et documents relatifs à la constitution du cercle, à son fonctionnement et aux engagements qu'il aurait pu prendre à l'égard de tiers.

Au cas où un agent de contrôle entend vérifier une cagnotte pendant une séance de jeux, il en informe celui des membres du comité de dirction des jeux qui dirige alors la partie. Ce dernier prend immédiatement les mesures nécessaires pour que le préposé titulaire de la cagnotte à vérifier soit remplacé par un collègue et l'on emporte sa cagnotte, ses carnets de tickets et son carnet d'enregistrement des cagnottes dans une pièce voisine, où a lieu l'opération en présence de l'intéressé et, s'ils jugent à propos d'y assister, d'un ou plusieurs des membres du comité de direction des jeux.

Toute manœuvre tendant à entraver la mission des agents de contrôle, ou seulement à retarder leur entrée dans les salles de jeux, expose les membres du cercle ou employés qui s'y seraient livrés ou qui les auraient prescrites aux sanctions prévues par l'article 49 de la loi du 30 juin 1923, sans préjudice du droit que possède l'Administration de requérir leur exclusion du cercle ou leur congédiement.

Les mêmes sanctions sont applicables à tous ceux qui auraient prescrit de donner ou qui auraient donné un signal quelconque ayant pour objet de faire savoir dans les salles de jeux qu'un agent de contrôle vient de pénétrer dans le cercle et de permettre ainsi de prendre, avant son entrée dans lesdites salles, les dispositions nécessaires pour lui dissimuler certaines particularités du fonctionnement habituel de la partie.

Art. 8. — A des dates fixées par l'Administration des Finances, les agents de cette Administration établissent, au vu du carnet des prélèvements, rapproché des autres documents visés aux articles précédents, un bordereau indiquant le montant net de l'impôt à verser au Trésor par le cercle. Ce bordereau est signé concurremment par l'agent de l'Administration des Finances, par le président du comité de direction des jeux ou son suppléant et par l'un des membres de ce comité. Le montant de l'impôt ainsi déterminé est versé à des époques fixées par arrêté ministériel au receveur particulier des Contributions indirectes; ce comptable délivre quittance et conserve le bordereau de versement.

Dans le cas où le cercle serait en retard de plus de quatre jours pour le versement du montant de l'impôt, l'autorisation de jeux serait suspendue jusqu'au moment où le cercle pourrait produire au contrôleur des Contributions indirectes la quittance du receveur particulier.

Si le cercle passait outre et permettait à ses membres de pratiquer les jeux de hasard pendant la durée de la suspension, l'arrêté d'autorisation serait définitivement rapporté par le Ministre de l'Intérieur, sans préjudice de l'application des sanctions prévues par l'article 49 de la loi du 30 juin 1923.

Art. 9. — Dans les cinq premiers jours de chaque mois, le comité de direction des jeux est tenu de faire parvenir au directeur (ou au sous-directeur) des Contributions indirectes un relevé récapitulatif en double expédition des sommes versées au Trésor pour le moi précédent, ledit relevé dûment certifié et signé.

Ce relevé, établi en conformité du modèle doné par l'Admini tration des Finances, est produit en tout état de cause, même négati

Art. 10. — Les résultats de la comptabilité spéciale des jeux son reportés dans la comptabilité générale du cercle où le produit bru journalier de la cagnotte, tel qu'il ressort au registre de contrôle fait l'objet d'un article au livre-journal, comportant débit du compt Caisse par le crédit du nouveau compte « Produit brut des jeux dont l'ouverture au grand-livre a été prescrite par l'article 11 d décret du 22 juillet 1923. Ce compte est obligatoirement soldé e fin d'année et le total de son crédit doit toujours être égal au tota du produit brut des jeux depuis le 1er janvier, ressortant dans l colonne correspondante du registre de contrôle et du carnet de prélèvements.

Au débit, le cercle porte les sommes payées au titre de l'impô institué par l'article 48 de la loi du 30 juin 1923, ainsi que toutes le opérations de dépenses qui lui paraissent concerner spécialemen le service des jeux.

La comptabilité générale du cercle doit être tenue en partie double et constamment à jour, selon les règles habituelles de la comptabilité commerciale.

Art. 11. — En vertu d'une disposition expresse de l'arrêté d'autorisation, certains cercles peuvent, à titre exceptionnel, être dispensés de l'obligation de se servir des carnets de tickets prévus par l'article 4 du présent décret.

Cette mesure est subordonnée, notamment, aux conditions suivantes :

1° Que le cercle réunisse tous les caractères d'un cercle fermé. tels qu'ils sont énumérés à l'article 5 du décret du 22 juillet 1923;

2° Qu'il existe dans sa forme actuelle depuis le 1er juillet 1921 ou qu'il provienne de la fusion de deux cercles fermés existant avant cette époque;

3° Que le produit brut probable des jeux de hasard soit tel que l'application du taux prévu par l'article 48 de la loi du 30 juin 1923 ne paraisse pas devoir donner un chiffre sensiblement supérieur au montant de la taxe sur les cercles imposée dans les rôles de l'année précédente;

4° Que les dirigeants du cercle aient fourni au préfet, avant la transmission du dossier au Ministère de l'Intérieur, toutes les justifications et tous les renseignements utiles tant pour établir sa situation de cercle fermé que pour évaluer le produit brut probable des jeux de hasard, d'après les résultats des années précédentes. La dispense de se servir des carnets de tickets est susceptible d'être rapportée à tout moment si des abus viennent à se produire ou simplement si l'intérêt du Trésor l'exige.

Art. 12. — Pour les cercles autorisés à ne point utiliser les carnets de tickets, les prescriptions de l'article 5 du présent décret ne sont point applicables et la comptabilité spéciale des jeux est réduite :

1° A la tenue d'un registre de contrôle d'un modèle simplifié et du carnet des prélèvements sur le produit brut des jeux;

2° A l'envoi à l'Administration des Finances des relevés récapitulatifs mensuels, dont la partie relative à la confection des bordereaux de versement de dizaine n'est point remplie.

S'il arrivait que le relevé récapitulatif mensuel fasse ressortir un excédent du montant brut de l'impôt sur le montant de la taxe sur les cercles payée au titre de l'année précédente, l'Administration des Finances établirait d'office le bordereau ou les bordereaux de versements décadaires nécessaires et les ferait parvenir au président du comité de direction des jeux, en l'invitant à faire verser la somme due à la caisse du receveur particulier des Contributions indirectes.

Les agents de contrôle s'assurent dans les bureaux du secrétariat du cercle de la concordance entre la comptabilité spéciale des jeux et la comptabilité générale du cercle, mais sauf s'ils en ont reçu l'ordre de l'Administration supérieure ou, en cas d'urgence, des chefs de service départementaux, ils s'abstiennent d'user de leur droit de pénétrer dans les locaux du cercle autres que le secrétariat.

Art. 13. — Les cercles fermés qui ne remplissent pas les conditions requises pour être placés, au point de vue du contrôle, sous le régime spécial institué par les deux articles précédents, peuvent, à titre d'essai et en vertu d'une décision concertée des Ministres des Finances et de l'Intérieur, obtenir, sur leur demande, l'autorisation de remplacer les carnets de tickets, aux jeux où cela est possible, par un appareil enregistreur d'un modèle agréé par l'Administration.

La même faveur n'est accordée aux cercles ouverts qu'à titre exceptionnel et lorsque, d'après le mode de fonctionnement antérieur du cercle, il paraît certain que l'appareil enregistreur est de nature à présenter, pour le Trésor, des garanties équivalentes à celles que présenterait l'emploi des carnets de tickets.

L'autorisation dont il s'agit, d'ailleurs révocable à tout moment par simple décision administrative, ne dispense pas totalement le cercle qui l'a obtenu de l'emploi des carnets de tickets, dont il doit toujours être muni tant pour assurer le service des jeux dont la pratique ne se concilie pas avec l'emploi d'un appareil enregistreur, que pour être à même de suppléer à un dérangement accidentel de cet appareil.

Art. 14. — Selon leur mode de constitution, les cercles nouvellement créés se servent pour présenter leur demande d'autorisation de jeux de l'une ou l'autre des formules annexées au décret du 22 juillet 1923, à laquelle ils apportent les modifications nécessaires.

Les cercles nouvellement constitués sont tous placés, par l'arrêté d'autorisation, sous le régime du contrôle normal institué par les articles 4 à 8 du présent décret.

Les sociétés commerciales ou civiles ayant pour objet de procurer au cercle le local, le matériel et le fonds de roulement nécessaires à sa mise en marche, doivent, obigatoirement et sous peine de refus ou de retrait d'autorisation, être constituées conformément à la loi française.

Art. 15. (1). — ....
....

Art. 16. — Pour la déduction à la base des taxes sur les cercles, sociétés et lieux de réunion, perçues tant au profit de l'État que de la commune, on envisage uniquement les impositions comprises, au titre desdites taxes, dans les rôles de l'année précédente.

Sur la demande qui lui est faite, le Service local des Contributions directes fait connaître le montant de ces impositions à celui des Contributions indirectes, qui, à son tour, le notifie à chaque cercle intéressé avant le 1er janvier de l'année dans laquelle la déduction doit jouer.

En cas de désaccord sur le chiffre de la déduction, le comité de direction des jeux a un délai de huit jours, à compter de cette notification, pour adresser sa réclamation au directeur (ou au sous-directeur) des Contributions indirectes.

Les cercles nouvellement créés n'ont droit à aucune déduction tant qu'ils n'ont rien payé au titre de la taxe sur les cercles. La première année où la déduction peut jouer est celle qui suit l'année dans les rôles de laquelle le cercle a été imposé pour la première fois.

Art. 17. — L'autorisation de jeux est subordonnée notamment à la condition que les femmes ne soient pas admises dans les cercles.

Cette condition est absolue et, même si elles n'étaient pas admises

(1) Mesure transitoire devenue sans objet.

dans les salles de jeux, les femmes ne peuvent ni faire partie comme membres d'un cercle où l'on joue, ni en fréquenter les salons comme invitées.

En dehors du salon des étrangers et parfois de la salle à manger, les femmes ne peuvent pénétrer dans les cercles qu'à titre exceptionnel pour assister à une représentation théâtrale, prendre part à une réception ou visiter une exposition.

Art. 18. — Dans les stations balnéaires, thermales ou climatériques, où il existe un ou plusieurs casinos régis par la loi du 15 juin 1907, les jeux de hasard ne sont autorisés dans les cercles constitués sous le régime de la loi du 1er juillet 1901, que s'il s'agit de cercles créés, antérieurement à la promulgation de la loi du 30 juin 1923, pour répondre aux besoins de la population locale et où le jeu n'est pas l'objet principal.

Au cas où un cercle remplissant ces différentes conditions viendrait par la suite à changer de caractère et si, de ce fait, les intérêts de la commune, siège de la station, se trouvaient compromis, l'arrêté d'autorisation de jeux serait rapporté.

Art. 19. — Le tarif de la cagnotte, avec l'indication des règles adoptées dans les différents cas qui peuvent se présenter (nouvelles émissions, banque ouverte, banque brûlée, nombre de jeux de cartes employés au baccara à deux tableaux, etc.) doit rester affiché en permanence et d'une manière très apparente dans les salles de jeux.

Tout changement apporté aux chiffres ou aux modalités indiqués dans la demande d'autorisation est notifié par le comité de direction des jeux au directeur (ou au sous-directeur) des Contributions indirectes, qui en informe d'urgence l'Administration supérieure.

Art. 20. (1). — ....
....

(1) Mesures transitoires devenues sans objet.

DÉCRET DU 18 MARS 1924

Article premier. — Les décisions administratives prises, sous quelque forme que ce soit, en exécution des décrets rendus pour l'application des articles 47, 48 et 49 de la loi du 30 juin 1923, sont susceptibles, de la part du cercle intéressé, d'un recours gracieux devant le Ministre compétent.

Les recours sont formés par écrit, au nom du comité d'administration ou du comité de direction des jeux du cercle, sous la signature du président de l'un ou l'autre de ces comités. Ils sont soumis à l'examen de la Commission précédemment constituée pour étudier les modalités d'application des articles précités et le Ministre statue sur l'avis conforme de la Commission.

Art. 2. — Même constitués sans constestation possible sous la forme de cercle fermé, ni les cercles créés ou réorganisés sur de nouvelles bases dans les deux ans qui ont précédé la promulgation de la loi du 30 juin 1923, ni ceux créés postérieurement à cette promulgation, ne peuvent être admis immédiatement au bénéfice du régime du contrôle spécial institué par l'article 11 du décret du 12 novembre 1923, sans avoir été préalablement placés pendant une année entière au moins sous le régime du contrôle normal. Si l'expérience a démontré que le Trésor n'a pas d'intérêt au maintien des carnets de tickets, le président du cercle peut, à l'expiration de ce délai d'un an, solliciter la dispense de l'emploi desdits carnets. Sa requête est soumise à la Commission visée à l'article premier du présent décret et, si l'avis de la Commission est favorable, un arrêté rectificatif du Ministre de l'Intérieur intervient pour modifier le régime de contrôle primitivement adopté.

Art. 3. (1). — ....
....

Art. 4. (2). — ....
....

(1) Cet article donne le texte nouveau qui est substitué à celui de l'article 2 du décret du 22 juillet 1923 (se reporter à ce dernier article).

(2) Cet article ajoute un paragraphe à l'article 3 du décret du 22 juillet 1923 (se reporter à ce dernier article dont le texte a d'ailleurs été modifié postérieurement par le décret du 11 janvier 1927).

Art. 5. — S'il apparaît que, dans un cercle où les jeux d'argent sont pratiqués avec ou sans autorisation, l'ensemble des ressources normales, tirées tant des cotisations et du produit officiellement reconnu de la cagnotte que des autres recettes constatées dans la comptabilité avec indication d'origine et sans que cette origine soit suspecte, n'atteint point un chiffre suffisant pour couvrir les dépenses, il y a présomption que les jeux sont, d'une manière directe ou indirecte, une source de profits clandestins et qu'il y a, dès lors, évasion fiscale. En pareil cas et sauf preuve contraire, l'autorisation de jeux ne peut pas être accordée si elle est demandée et elle est rapportée si elle est intervenue antérieurement. D'autre part, le caractère de jeu de commerce n'est susceptible d'être reconnu à aucun jeu et il est fait défense au cercle de pratiquer les jeux d'argent quels qu'ils soient, même sans cagnotte, sous peine des sanctions prévues à l'article 49 de la loi du 30 juin 1923.

DÉCRET DU 8 MAI 1929

Article premier. (1) — ....
....

Art. 2. — Dans les cercles où le jeu de « la baraque » ou « du multicolore » est autorisé, le seul appareil susceptible d'être utilisé est la baraque circulaire à plateau mobile tournant sur son axe. Elle comporte 25 godets, strictement semblables de forme, de diamètre et de profondeur, placés à égale distance du centre du plateau.

Ces godets sont de cinq couleurs différentes, à raison d'un seul pour l'une des couleurs et de six pour chacune des quatre autres couleurs. Le godet unique porte le chiffre 24; les six godets de la même couleur portent l'un le chiffre 4, trois autres le chiffre 3, et les deux derniers le chiffre 2.

Art. 3. — La banque est mise aux enchères entre les joueurs et adjugée au plus fort enchérisseur, qui subit, au bénéfice du cercle, un prélèvement de 10 p. 100 tant sur le montant de la banque adjugée que sur les arrosages successifs qu'il pourra avoir à faire au cours des huit coups au maximum auxquels lui donne droit le payement de la cagnotte primitive.

Dès que ces huit coups ont été joués et quel qu'en ait été le résultat, la banque est mise de nouveau en adjudication. Il est de même si la banque est levée avant le huitième coup.

Au début de chaque banque, un joueur, autre que le banquier, doit faire tourner le plateau sur son axe, de manière à changer la position des godets et à assurer ainsi à la baraque son caractère de jeu de hasard.

Les pontes jouent sur l'une des cinq couleurs et gagnent toutes les fois que la bille s'arrête dans l'un des godets de la couleur choisie par eux. En dehors de la mise, qui est toujours remboursée, le ponte gagnant reçoit cette même mise autant de fois qu'il est indiqué par le chiffre inscrit dans le godet, c'est-à-dire que, selon ce chiffre, sa mise initiale lui sera payée au total, soit 25 fois (24+1), soit 5 fois (4+1), soit 4 fois (3+1), soit 3 fois (2+1).

Art. 4. — Tous les cercles où la baraque est actuellement pratiquée devront, dans le mois qui suivra la date du présent décret, se mettre en instance pour obtenir l'autorisation spéciale prévue à l'article 1er

---

(1) Cet article modifie et complète l'article premier du décret du 22 juillet 1923 (se reporter à ce dernier article).

ci-dessus et il est accordé, à ceux d'entre eux qui possèdent un appareil non conforme à celui décrit à l'article 2, un délai maximum de trois mois, à compter de la même date, pour se procurer l'appareil réglementaire, faute de quoi ils seront mis en demeure, par les autorités locales, de suspendre la partie tant que la situation n'aura pas été dûment régularisée.

Art. 5. — La règle posée à l'article 1er et d'après laquelle la baraque ne peut pas être pratiquée dans les villes de moins de 100.000 habitants ne s'applique point aux cercles précédemment admis à pratiquer ce jeu, lesquels pourront obtenir l'autorisation spéciale prévue au même article, mais cette autorisation, dont ils bénéficieront à titre de mesure transitoire, sera définitivement rapportée si les prescriptions réglementaires ne sont pas exactement observées et, sous quelque prétexte que ce soit, il ne sera accordé aucune autorisation nouvelle dans les villes dont la population est inférieure à 100.000 habitants.

Art. 6. — Indépendamment des dispositions spéciales des articles 2 à 5 du présent décret, les cercles autorisés à pratiquer le jeu de baraque sont soumis exactement aux mêmes obligations que les autres cercles et ils doivent se conformer, comme ces derniers, à toutes les règles posées tant par la loi du 30 juin 1923 que par les décrets rendus pour son application.

En outre, le texte des articles 2 et 3 du présent décret doit obligatoirement être affiché, en gros caractères et d'une manière très apparente, dans la salle où est installé l'appareil de baraque.

Art. 7. (1). — ....

....

Art. 8. — Dans les villes où les jeux de hasard sont déjà pratiqués dans un ou plusieurs cercles ouverts, aucune nouvelle autorisation ne peut être accordée à un autre cercle ouvert que si l'enquête à laquelle il a procédé, en exécution de l'article 9 du décret du 22 juillet 1923, a démontré que le cercle intéressé est absolument indépendant, sauf pour le service des consommations, de tout café, restaurant, hôtel, dancing ou établissement similaire, existant dans le même immeuble ou dans un immeuble limitrophe, et qu'aucune des personnes qui ont des intérêts dans l'un de ces établissements ne figure parmi les fondateurs officiels ou officieux du cercle ou

(1) Cet article a ajouté trois paragraphes à l'article 6 du décret du 22 juillet 1923 (se reporter à ce dernier article).

parmi ses dirigeants. Dans tous les cas, l'octroi ou le maintien de l'autorisation de jeux reste subordonné à la condition expresse que le cercle possède une entrée spéciale nettement séparée de celle de tout établissement public.

De même l'arrêté d'autorisation serait rapporté s'il venait à être constaté que, postérieurement à la date du présent décret et par quelque combinaison que ce fût, un cercle ouvert a perdu, dans une mesure quelconque, son indépendance absolue vis-à-vis d'un établissement de l'espèce situé dans le même immeuble ou dans un immeuble limitrophe.

Pour assurer l'exacte application des dispositions des deux paragraphes précédents, les cercles ouverts sont tenus désormais d'établir leur demandes d'autorisation dans la forme du modèle annexé au présent décret (modèle n° 2).

Art. 9. — Les cercles ouverts qui auraient vendu, cédé ou transféré le bénéfice de l'arrêté d'autorisation ou consenti une option, ont un délai de six mois, à compter de la date du présent décret, pour régulariser la situation en conformité de l'article 1er ci-dessus et tous les contrats qui, à la même date, n'auraient pas encore pris date certaine, doivent être mis en concordance avec ledit article avant d'être enregistrés, faute de quoi les arrêtés d'autorisation seraient rapportés.

ARRÊTÉ DU 14 NOVEMBRE 1923

déterminant les règles de détail relatives à l'application des articles 47, 48 et 49 de la loi du 30 juin 1923 qui ont institué un impôt sur le produit des jeux de hasard dans les cercles constitués sous le régime de la loi du 1er juillet 1901 sur les associations.

Article premier. — Aux termes de l'article 47 de la loi du 30 juin 1923, les agents de l'Administration ont le droit « de pénétrer à toute heure dans les locaux du cercle » où les jeux de hasard sont pratiqués.

Les fonctionnaires qui possèdent ce droit se divisent en deux catégories selon qu'ils peuvent pénétrer dans tous les cercles du territoire ou seulement dans ceux de telle ou telle circonscription territoriale.

Les premiers sont :

1° Pour le Ministère des Finances, le Directeur général des Contributions indirectes, les fonctionnaires du corps de l'Inspection générale des Finances et ceux des fonctionnaires de l'Administration des Contributions indirectes qui auront été nominativement désignés par le Directeur général;

2° Pour le Ministère de l'Intérieur, le Directeur de la Sûreté générale, le Directeur du Contrôle et de la Comptabilité, le Chef du Service de l'Inspection générale des Services administratifs, le Chef de bureau de la Sûreté générale qui a dans ses attributions le service des jeux et, dans les départements autres que celui de la Seine, ceux des fonctionnaires de la Sûreté générale qui auront été nominativement désignés par le Directeur de la Sûreté générale et les commissaires ou agents appartenant à la brigade des courses et des jeux.

L'entrée de ces différents fonctionnaires dans les cercles est subordonnée à la présentation d'une carte d'identité photographique conforme au modèle n° 8 du présent arrêté.

Quant aux fonctionnaires qui ne peuvent pénétrer que dans les cercles situés dans la circonscription territoriale où ils exercent leurs fonctions, ce sont :

1° Pour le Ministère des Finances, les directeurs, sous-directeurs, inspecteurs et contrôleurs des Contributions indirectes, ainsi que les agents appelés à les remplacer en cas d'absence ou d'empêchement;

2° Pour le Ministère de l'Intérieur, les préfets et sous-préfets ainsi que les agents désignés, de préférence parmi les commissaires spéciaux, par le Préfet de police dans le département de la Seine et par le Préfet dans les autres départements, pour exercer une surveillance, au point de vue de la police des jeux, sur tous les cercles du département ou sur tel ou tel cercle déterminé.

Les fonctionnaires de cette seconde catégorie justifieront de leur qualité au moyen des commissions ou autres pièces d'identité officielles dont ils sont munis. Notamment, les agents chargés de la police des jeux devront produire une ampliation de la décision qui les aura désignés et le contrôleur des Contributions indirectes chargé du contrôle permanent du produit brut des jeux l'accréditation du directeur ou du sous-directeur.

Art. 2. — Le contrôle permanent du produit brut des jeux dans chaque cercle est confié à un contrôleur des Contributions indirectes spécialement désigné à cet effet par le directeur départemental ou par le sous-directeur.

Dans les cercles où il est fait usage des carnets de tickets, le contrôleur (ou, en cas d'absence ou d'empêchement, [l'agent qui le remplace) effectue dans les deux premiers jours de chaque dizaine, pour la dizaine précédente, une vérification sur place de la comptabilité spéciale des jeux et dresse, s'il y a lieu, un bordereau de versement indiquant, avec les détails nécessaires, la somme que le cercle devra verser à la caisse du receveur particulier qui aura été chargé, par le directeur ou le sous-directeur, tant d'effectuer les recettes de l'espèce que d'approvisionner le cercle de carnets de tickets.

Le contrôleur peut, d'autre part, effectuer toutes les vérifications qu'il juge utiles, assister aux séances de jeux pour reconnaître notamment si les prescriptions réglementaires relatives à l'emploi des carnets de tickets sont régulièrement observées et faire procéder en sa présence au comptage des cagnottes.

Dans les cercles autorisés à ne pas se servir des carnets de tickets, le rôle du contrôleur se borne à s'assurer, dans les bureaux du secrétariat, que la comptabilité des jeux est régulièrement tenue à jour et que ses résultats sont en concordance avec ceux de la comptabilité générale du cercle.

En dehors du contrôleur spécialement désigné pour assurer le contrôle permanent de chaque cercle, les directeurs, sous-directeurs et inspecteurs des Contributions indirectes ont qualité, dans les cercles situés dans leurs circonscriptions respectives, pour effectuer, aussi bien dans les bureaux du secrétariat que dans les salles de jeux, toutes les opérations de vérification autres que l'établissement du bordereau de versement décadaire.

Art. 3. — Les commissaires spéciaux ou, à défaut de commissaire spécial, les commissaires locaux ou autres agents désignés par le Directeur de la Sûreté générale et les préfets ou, dans le département de la Seine, par le Préfet de police, pour assurer la police des jeux, ont pour mission essentielle de veiller à ce que tout se passe correctement dans les salles de jeux au point de vue de la sincérité de la partie elle-même que du détachement régulier des tickets de contrôle de la cagnotte.

Possédant, au même titre que les agents des contributions indirectes, le droit de faire compter les cagnottes et de vérifier les différents éléments de la comptabilité spéciale des jeux, ils ont, comme ces derniers, qualité pour rechercher et réprimer toutes les fraudes qui auraient pour objet de dissimuler une partie du produit brut des jeux et de réduire ainsi le rendement de l'impôt.

Les fonctionnaires du Ministère de l'Intérieur veillent, d'autre part, à ce que nul ne puisse prendre part aux jeux sans être membre du cercle, à ce qu'aucun interdit de jeux ne s'introduise dans le cercle comme membre ou comme employé et à ce qu'aucune personne étrangère au comité de direction des jeux ne s'immisce dans la direction des jeux.

Ils exercent enfin une surveillance générale sur le personnel des jeux et sur les joueurs suspects pour provoquer, s'il y a lieu, les décisions d'interdiction de jeux qui leur paraîtraient justifiées.

Art. 4. — En dehors du bordereau de versement prévu par l'article 8 du décret du 12 novembre 1923 (modèle n° 6 du présent arrêté), qui, bien que signé par les représentants du cercle, est établi par un agent de l'Administration des Finances, la comptabilité spéciale des jeux, dont la tenue est prescrite par les articles 4 à 9 du décret précité, comporte les documents suivants :

1° Les carnets de tickets (art. 4 et 5 du décret, mod. n° 1);

2° Le compte d'emploi des carnets de tickets (art. 4, mod. n° 2);

3° Les carnets d'enregistrement des cagnottes (art. 5. mod. n° 3);

4° Le registre de contrôle du produit brut des jeux (art. 6, mod. n° 4);

5° Le carnet des prélèvements sur le produit brut des jeux (art. 6, mod. n° 5);

6° Les relevés récapitulatifs mensuels (art. 9, mod. n° 7);

Ces cinq derniers documents sont tenus dans les conditions de régularité exigées pour les livres de commerce. Ils ne doivent présenter ni interlignes, ni blancs, ni lacunes, ni transports en marge, ni grattages ou surcharges. En cas d'erreur, les rectifications sont faites à l'encre rouge et approuvées en toutes lettres par ceux des représentants du cercle qui ont signé le document.

La comptabilité spéciale des jeux est tenue par année du 1er janvier au 31 décembre. Le 1er janvier, l'on part de zéro pour obtenir au 31 décembre le total du produit brut des jeux de l'année entière.

Art. 5. — Les tickets à souche, qui sont les mêmes que ceux employés dans les casinos régis par la loi du 15 juin 1917, sont de quatre valeurs différentes : 0 fr. 50, 5 francs, 20 francs et 100 francs (1); ils sont imprimés par l'Imprimerie nationale dans la forme du modèle n° 1 du présent arrêté, sur un fond de sûreté dont la couleur varie suivant la valeur. Ils sont réunis par carnets de 200 tickets et portent un numéro d'ordre pris, pour chaque valeur, dans la série ininterrompue des nombres depuis le n° 1 jusqu'au n° 1.000.000. Le numéro du premier ticket commençant chaque carnet est reproduit sur la couverture du carnet.

Les carnets de tickets sont livrés par l'Imprimerie nationale à la Direction de la Comptabilité publique qui, déjà chargée de ce service pour les casinos, assure dans les mêmes conditions l'approvisionnement des cercles et qui fait parvenir aux receveurs principaux des Contributions indirectes le nombre de carnets des différentes valeurs jugé nécessaire par ces comptables supérieurs pour les besoins de tous les cercles situés dans leurs circonscriptions respectives.

Les receveurs principaux adressent directement leurs demandes de carnets de tickets à la Direction de la Comptabilité publique. Ces demandes, dont l'importance est calculée d'après les prévisions des cercles pour l'année suivante, sont formées chaque année dans le courant d'octobre. Quant aux demandes supplémentaires à faire au cas où, en cours d'année, les premières prévisions paraîtraient devoir être dépassées, il importe qu'elles parviennent à l'Administration supérieure en temps utile pour que les cercles ne manquent jamais de carnets de tickets, ce qui entraînerait l'interruption de la partie et engagerait ainsi la responsabilité du receveur principal.

Les receveurs principaux transmettent les carnets de tickets aux receveurs particuliers des Contributions indirectes chargés de l'encaissement de l'impôt sur le produit brut des jeux, qui les remettent ensuite aux cercles au fur et à mesure des besoins et contre reçus timbrés à 0 fr. 25, signés d'un membre du comité de direction des jeux.

Les cercles peuvent se faire remettre, en une seule fois, le nombre de carnets des différentes valeurs nécessaire pour assurer le service

(1) Il a été créé depuis des carnets de tickets de 1.000 francs.

des jeux pendant un mois environ, mais ils n'attendent pas l'épuisement de ces carnets pour en demander de nouveaux au receveur particulier.

Le prix des carnets, fixé à trois francs pour les tickets à 0 fr. 50, 5 francs et 20 francs et à dix francs pour les tickets à 100 francs (1), est remboursé à l'Administration par les cercles. Le receveur particulier perçoit le prix réglementaire au moment de la livraison des carnets et il délivre une quittance à souche, timbrée si elle a pour objet une recette supérieure à 10 francs.

Au fur et à mesure qu'ils sont terminés, les carnets ne comprenant plus que la couverture et les souches sont restitués à la recette principale par l'intermédiaire du receveur particulier, qui délivre au cercle un reçu d'ordre non timbré.

Les carnets qui, en raison soit du départ de l'employé chargé de les utiliser, soit de détérioration, n'auraient pas été complètement terminés, sont rendus au receveur particulier dans les mêmes conditions que ceux dont il ne reste que les souches.

Les cercles sont responsables des carnets dont ils sont détenteurs. Dans le cas où, par suite de perte ou de détournement, un cercle ne pourrait pas produire la totalité des souches des tickets mis à sa disposition, il serait tenu de payer le montant de l'impôt progressif correspondant à la valeur nominale des tickets non représentés.

Le compte d'emploi des carnets de tickets, tenu dans la forme du modèle n° 2, permet de suivre chaque carnet depuis sa livraison au cercle jusqu'à sa restitution, après emploi, au receveur particulier des Contributions indirectes.

Art. 6. — Les carnets de tickets sont remis, un par un pour chaque valeur, par l'administration du cercle aux préposés (croupiers ou autres employés) chargés d'effectuer les encaissements au profit de la cagnotte. Chaque carnet porte sur la couverture le nom du préposé auquel il a été affecté et qui, étant personnellement responsable du détachement régulier des tickets, est seul qualifié pour s'en servir.

A titre transitoire et en attendant que les carnets de tickets du nouveau modèle aient été mis en service, les cercles peuvent être approvisionnés au moyens de carnets de tickets du modèle précédemment employé dans les casinos et qui, sauf la couverture et quelques détails de peu d'importance, sont exactement conformes, comme format, couleur et contexture, à ceux dont il sera fait usage dans la suite. Les corrections nécessaires seront faites à l'encre sur la couverture.

---

(1) Et à 1.000 francs.

Art. 7. — Le contrôle du produit brut des jeux de hasard repose essentiellement sur l'emploi des carnets de tickets. Ce contrôle fonctionne d'après le principe suivant :

Tout prélèvement opéré au profit de la cagnotte aux différents jeux de hasard donne lieu à la délivrance de tickets d'égale somme détachés d'un carnet à souche. Toute souche n'ayant plus son ticket attenant représente donc un prélèvement d'égale valeur entré dans la cagnotte et il suffit de totaliser les souches dont les tickets ont été détachés au cours d'une même journée pour connaître immédiatement le produit brut des jeux de la journée envisagée.

D'une manière générale et à n'inporte quel jeu, les tickets qui correspondent à chaque prélèvement au profit de la cagnotte sont détachés séance tenante et ostensiblement par le préposé du cercle chargé de l'encaissement qui appelle à haute voix le montant du prélèvement, mais qui procède différemment suivant la manière dont le prélèvement est calculé.

Au baccara à deux tableaux et aux jeux où le prélèvement est calculé sur le montant de la banque primitive et des arrosages successifs, l'opération a lieu avant que le coup ne soit donné. Le préposé commence par appeler à haute voix la somme à prélever et à l'isoler du reste de la banque, puis il détache les tickets pour une valeur égale et introduit enfin la somme dans la cagnotte. Il conserve les tickets auprès de lui et attend pour les déchirer que le coup ait été donné et réglé.

Au baccara chemin de fer et aux jeux où le prélèvement est calculé sur le montant du bénéfice réalisé, l'opération a lieu après le coup, dès que le montant du bénéfice a été déterminé, et il y est procédé de la manière indiquée plus haut avant que le coup n'ait été réglé. Les tickets sont déchirés dès que le coup est réglé et avant que le coup suivant n'ait été engagé.

Aux jeux enfin où chaque joueur verse un droit déterminé, le préposé détache les tickets au moment où le joueur prend place à la table et il les lui remet, contre payement du droit, après avoir inscrit au dos l'heure de leur délivrance. Le joueur qui ne pourrait représenter ses tickets serait astreint au payement d'un nouveau droit.

Art. 8. — Un timbre à date est apposé avec beaucoup de soin et de manière très lisible sur la couverture et sur la souche du premier ticket de chaque carnet, au moment même où ce carnet est mis en service et il est apposé de nouveau, avec le même soin et avant l'ouverture de la cagnotte, sur la souche du premier ticket à détacher au commencement de la séance suivante. Le numéro du ticket précédent, c'est-à-dire du dernier ticket détaché au cours de la séance, est inscrit à l'encre au verso de la couverture du carnet avec l'indication de la date, de l'heure d'ouverture et du nombre de tickets détachés depuis l'ouverture précédente. Ces opérations sont effectuées, en dehors de la table de jeux, par l'employé chargé de la délivrance des carnets de tickets aux préposés et de leur conservation pendant l'intervalle des séances.

Le même employé est chargé de la tenue des carnets n° 3 dont il est question à l'article suivant.

Art. 9. — Il est mis simultanément en service autant de carnets d'enregistrement des cagnottes (modèle n° 3) qu'il y a dans le cercle de préposés munis de carnets de tickets. Chacun de ces préposés possède son carnet n° 3, au moyen duquel l'on constate la valeur et les numéros des tickets détachés par lui, ainsi que les sommes correspondantes trouvées dans la boîte tirelire ou cagnotte dont il est le détenteur. Chaque carnet fait ainsi ressortir la somme encaissée par le préposé qui en est titulaire et fournit les éléments nécessaires pour la tenue du registre de contrôle (modèle n° 4).

Le carnet n° 3 est servi chaque fois que la cagnotte correspondante est ouverte, de telle sorte que le même carnet peut faire le même jour l'objet tantôt d'une, tantôt de plusieurs inscriptions au registre de contrôle.

Art. 10. — Chaque jour et au fur et à mesure du comptage des cagnottes, les résultats des différents carnets n° 3 sont reportés séparément dans la colonne 13 du registre de contrôle (modèle n° 4) et leur total donne le produit brut des jeux de la journée qui ressort dans la colonne 14.

Les numéros du dernier ticket détaché de chaque carnet, de même que le nombre des tickets détachés de chaque valeur, sont également reportés, tels qu'ils figurent aux carnets n° 3, dans les colonnes 5 à 8, d'une part, et 9 à 12, d'autre part.

Les chiffres des colonnes 9 à 14 sont, en fin de journée, l'objet d'une addition générale qui donne le nombre des tickets de chaque valeur détachés depuis le 1er janvier, ainsi que le total général du produit brut des jeux depuis la même date. Les totaux généraux des colonnes 13 à 14 doivent être égaux entre eux et représenter la valeur des tickets détachés dont le nombre figure au bas des colonnes 9 à 12. Il suffit donc d'une opération très simple pour s'assurer en fin de journée si le produit brut total des jeux est en concordance avec le nombre de tickets de chaque valeur détachés depuis le 1er janvier.

Ce premier contrôle est utilement complété par un autre qui consiste à vérifier de temps à autre, au moyen des renseignements qui figurent dans les colonnes 5 à 8, si le nombre des tickets détachés est lui-même en concordance avec celui des carnets utilisés depuis le 1er janvier, compte tenu des carnets commencés tant à cette dernière date qu'à celle du jour envisagé.

Art. 11. — Le produit brut des jeux de chaque journée, tel qu'il ressort dans la colonne 14 du registre de contrôle est reporté dans la colonne 2 du carnet des prélèvements sur le produit brut des jeux (modèle n° 5) où une page distincte est réservée pour chaque mois de l'année et une ligne de cette page pour chaque journée.

Les résultats de chaque dizaine sont totalisés séparément dans la colonne 3 où l'on fait ainsi ressortir le produit brut des jeux de la dizaine, sur lequel sont opérés dans les colonnes suivantes 4 à 13 les calculs nécessaires pour déterminer la somme totale à verser par le cercle au titre de l'impôt, y compris la majoration de 5 p. % pour frais de contrôle et d'encaissement.

Les chiffres portés dans les colonnes 3 à 9 et 11 à 13 du carnet n° 5 font l'objet à la fin de chaque dizaine d'une addition qui donne les totaux généraux, depuis le premier jour de l'année, des différents éléments du calcul à la date du dernier jour de la dizaine. La vérification de la concordance de ces totaux généraux permet de reconnaître si les calculs de chaque dizaine sont exacts.

Le total général de la colonne 3 du carnet n° 5 à la date du dernier jour de la dizaine doit toujours correspondre exactement au total général de la colonne 14 du registre n° 4 à la même date.

Quant à la colonne 10, on y porte, mais seulement sur la ligne des totaux généraux de fin de dizaine le montant de la taxe sur les cercles à déduire du montant brut de l'impôt pour en déterminer le montant net. Tant que le total général du montant brut de l'impôt ressortant dans la colonne 9 n'atteint pas le montant de la taxe sur les cercles figurant dans la colonne 10, le cercle n'a aucun payement à faire et on laisse en blanc les colonnes 11 à 13. Ces dernières colonnes ne sont remplies qu'à partir de la dizaine où la somme portée dans la colonne 9 de la ligne des totaux généraux vient à excéder celle portée dans la colonne 10.

Art. 12. — Le contrôleur des Contributions indirectes chargé du contrôle permanent du produit brut des jeux effectue le premier ou au plus tard le second jour de chaque dizaine, pour la dizaine précédente, la vérification sur place dont il est question à l'article 2 du présent arrêté, dans le but de s'assurer de la bonne tenue des différents documents de la comptabilité spéciale des jeux, de l'exactitude des calculs et de la concordance des résultats.

Le bordereau des sommes à verser au Trésor (modèle n° 6) dans lequel le contrôleur reproduit les chiffres figurant pour la dizaine envisagée dans les colonnes 3 à 13 du carnet n° 5 est arrêté en toutes lettres et signé tant de ce dernier que du président du comité de direction des jeux ou de son suppléant et d'un membre de ce comité. Il est laissé au cercle avec invitation d'avoir à verser la somme due au Trésor à la caisse du receveur particulier des Contributions indirectes dans le délai de deux jours francs à compter de la date d'établissement du bordereau.

La vérification décadaire doit avoir lieu en tout état de cause, même si, par suite de la déduction à la base, le cercle n'a rien à payer au Trésor pour le produit brut des jeux de la dizaine, mais dans ce cas le contrôleur des Contributions indirectes se borne à apposer son visa sur le registre de contrôle et sur le carnet des prélèvements en certifiant qu'il a reconnu l'exactitude des chiffres portés sur ces deux documents, sans avoir à établir un bordereau de versement négatif.

Art. 13. — Dans les cinq premiers jours de chaque mois l'administration du cercle établit un relevé récapitulatif en double expédition des sommes versées au Trésor pour le mois précédent et le transmet directement au directeur (ou au sous-directeur) des Contributions indirectes. Après avoir vérifié qu'il est correctement établi et que les calculs sont exacts, le directeur (ou le sous-directeur) adresse d'extrême urgence l'une des expéditions à la Direction générale des Contributions indirectes et il conserve dans ses archives l'autre expédition.

Le relevé récapitulatif comporte quatre cadres.

Le premier donne, avec dates à l'appui, le détail des trois versements mensuels.

Le second est la reproduction exacte, moins la colonne 14, de la page correspondante du carnet n° 5.

Le troisième, suivi des arrêtés en toutes lettres et des signatures des représentants du cercle, est destiné à recevoir le cas échéant les observations de ces derniers.

Le quatrième, enfin, est réservé aux observations du directeur (ou du sous-directeur) des Contributions indirectes.

Le quatrième, enfin, est réservé aux observations du directeur eu ou non à effectuer des versements à la caisse du receveur particulier, mais dans la négative les représentants du cercle n'ont à remplir ni les colonnes 3, 4, 5 et 6 du cadre n° 3 à donner en toutes lettres le montant du produit des jeux depuis le commencement de l'année.

Art. 14. — Les cercles qui, en vertu d'une disposition expresse de l'arrêté d'autorisation, ont été dispensés de l'obligation de se servir des carnets de tickets, n'ont par suite à faire usage ni du compte d'emploi n° 2 ni des carnets n° 3. Les règles relatives à la disposition des cagnottes et à leur ouverture ne leur sont pas non plus applicables.

Les cercles de cette catégorie montent leur registre de contrôle dans la forme simplifiée du modèle n° 4 *bis* qui, comme le modèle n° 4, fait ressortir le produit brut journalier des jeux de hasard, ainsi que le total général de ce même produit depuis le 1er janvier. Mais, pour le reste, c'est-à-dire pour la tenue du carnet des prélèvements n° 5 pour l'envoi au directeur (ou au sous-directeur) des Contributions indirectes des relevés récapitulatifs n° 7 et pour le report dans la comptabilité générale du cercle des résultats de la comptabilité spéciale des jeux, ils sont soumis exactement aux mêmes obligations que les autres cercles.

Le contrôleur des Contributions indirectes chargé du contrôle du produit brut des jeux dans un cercle dispensé de l'emploi des carnets de tickets n'a point à effectuer de vérifications décadaires, ni à établir de bordereaux de versements. Il se borne, de temps à autre, à s'assurer sur place, dans les bureaux du secrétariat du cercle, que le registre n° 4 *bis* et le carnet n° 5 sont à jour, que les calculs sont exacts et que les résultats de la comptabilité spéciale des jeux sont en concordance avec ceux de la comptabilité générale du cercle. Dans le cas où un relevé récapitulatif mensuel ferait ressortir un excédent du montant brut de l'impôt sur la taxe sur les cercles, le bordereau ou les bordereaux de versements décadaires seraient établis par les soins de la direction (ou de la sous-direction) et transmis au président du comité de direction des jeux avec invitation à faire verser la somme due, dans les trois jours, à la caisse du receveur particulier. Un duplicata dudit bordereau serait adressé à ce dernier comptable.

Art. 15. — Les cercles autorisés, en vertu d'une décision concertée des Ministres de l'Intérieur et des Finances, à remplacer, pour certains jeux, les carnets de tickets par un appareil enregistreur, sont soumis aux mêmes obligations que les cercles qui se servent exclusivement des carnets de tickets.

Des instructions spéciales leur seront adressées en ce qui concerne, d'une part, l'ouverture des cagnottes et, d'autre part, la manière dont ils devront servir les carnets d'enregistrement des cagnottes et le registre de contrôle, pour celles des cagnottes qui ne seront pas contrôlées au moyen des carnets de tickets.

Art. 16. — Sauf la production des relevés récapitulatifs n° 7, la tenue de la comptabilité spéciale des jeux, dans la forme prescrite par le présent arrêté, ne sera strictement obligatoire qu'à compter du 1er janvier 1924.

Dans les quinze jours qui suivront la date de la publication au *Journal officiel* du présent arrêté, tous les cercles qui ont formulé une demande d'autorisation de jeux, à l'exception, bien entendu, des cercles nouvellement constitués où les jeux de hasard ne sont pas encore pratiqués, devront, que l'arrêté d'autorisation soit intervenu ou non, transmettre au directeur (ou au sous-directeur) des Contributions indirectes les relevés n° 7, en double expédition, afférents à tous les mois écoulés depuis le 1er juillet 1923. Ces relevés seront établis dans la forme réglementaire au moyen des éléments fournis par la comptabilité sommaire dont la tenue a été prescrite par l'article 11 du décret du 22 juillet 1923. Quant au chiffre à porter dans la colonne 10, il devra représenter exactement le montant des taxes sur les cercles imposées au nom du cercle, dans les rôles de 1922, tant au profit de l'État que de la commune et, si le chiffre n'en a pas été antérieurement notifié au cercle par les soins de l'Administration des Contributions indirectes, il sera contrôlé par cette dernière, au moyen des renseignements fournis par le Service de l'Assiette.

La direction, après avoir procédé aux vérifications nécessaires, fera établir, s'il y a lieu, les bordereaux de versement et invitera les cercles à se libérer, dans le délai de trois jours, à la caisse du receveur particulier.

On procédera de même tant que l'arrêté d'autorisation n'aura pas été notifié au cercle et ce n'est qu'à partir de la date de cette notification que le contrôleur des Contributions indirectes désigné par le directeur (ou le sous-directeur) établira sur place, s'il y a lieu, chaque dizaine son bordereau de versement.

Quant aux carnets de tickets, pour les cercles qui n'auront pas été dispensés d'en faire usage, ils seront mis en service dans le plus bref délai possible après la date de l'arrêté d'autorisation, mais leur emploi ne deviendra absolument obligatoire qu'à partir du 1er janvier 1924.

Art. 17. — Les modèles des pièces à produire et des documents de comptabilité à tenir sont donnés ci-après à la suite du présent arrêté. L'emploi de formules imprimées n'est pas obligatoire et toutes ces pièces ou documents peuvent être établis à la main, mais, en tout état de cause, il importe que leur contexture et leur format soient exactement conformes au modèle officiel.

Les indications qui figurent sur les modèles et qui sont relatives à leur mode d'utilisation ont la même valeur impérative que le texte même des articles de l'arrêté.

ARRÊTÉ DU 19 MARS 1924

Article premier. — Il est formellement interdit aux cercles, sous peine du retrait de l'autorisation de jeux, de consentir des prêts d'argent à leurs membres, aussi bien pour continuer à jouer que pour solder des différences.

Art. 2. — Les cercles ne sont autorisés à escompter les chèques émis ou endossés par leurs membres, qu'à la condition de se conformer exactement aux règles suivantes :

1° Les fonds sont remis au tireur ou à l'endosseur sous forme de billets de banque ou de numéraire, à l'exclusion de jetons ou de toute autre valeur représentative;

2° Tout chèque escompté est enregistré le jour même sur un carnet spécial, avec toutes indications utiles (date et montant du chèque, banque tirée, nom du tireur, et s'il y a lieu de l'endosseur). A la suite des colonnes destinées à recevoir ces mentions, il est réservé deux colonnes, la première, pour l'émargement de la date du payement par la banque tirée et la seconde, beaucoup plus large, dans laquelle, en cas de non-payement, l'on prendra note, avec dates à l'appui, de tous les renseignements concernant l'affaire (motif du non-payement, protêt, démarches tentées pour obtenir le payement, radiation du tireur, avis donné au commissaire de police, constitution de partie civile, incidents de procédure, jugement intervenu, etc.). Ce carnet est tenu à tout moment à la disposition des agents de l'Administration;

3° Une fois enregistré, le chèque ne peut plus, sous quelque prétexte que ce soit, être restitué au tireur ou à l'endosseur; le cercle est obligatoirement tenu de le faire présenter à l'encaissement sans aucun retard aux guichets de la banque tirée et, s'il n'est pas payé à présentation, de le faire protester dans les quarante-huit heures;

4° En cas de retour d'un chèque impayé et protesté, le Comité est dans l'obligation de prononcer l'exclusion immédiate de celui des membres du cercle qui a encaissé les fonds contre remise du chèque. Toutefois, s'il était nettement établi que le refus de payement par la banque tirée provient d'une circonstance indépendante de la volonté du tireur ou de l'endosseur, la radiation pourrait être différée, mais elle devrait nécessairement intervenir dans le délai maximum d'un mois, si le cercle n'avait pas été désintéressé avant l'expiration de ce délai;

5° Quels que soient les motifs du non-payement du chèque et dès qu'il a été avisé du protêt, le cercle est tenu, sous peine d'être privé de la faculté d'escompter les chèques, de signaler le fait au commissaire de police chargé du service des jeux qui procède à une enquête immédiate pour déterminer s'il y a délit passible de poursuites correctionnelles. Le cercle fournit à ce magistrat tous renseignements utiles sur les circonstances de l'affaire, il indique si l'exclusion a été prononcée et, dans la négative, il expose les motifs pour lesquels cette mesure a été différée. Dès que son enquête est suffisamment avancée, le commissaire adresse, d'extrême urgence et sans passer par voie hiérarchique, à la Direction de la Sûreté générale un rapport circonstancié, dont il adresse copie le jour même au Ministre des Finances (Direction générale des Contributions indirectes) d'une part, et au Préfet ou Sous-Préfet d'autre part. Ultérieurement et dans les quarante-huit heures qui suivent la date des incidents survenus ou des mesures prises, le cercle tient le commissaire de police au courant soit des acomptes versés, soit du payement pour solde, soit de l'exclusion prononcée et ce magistrat en informe immédiatement et dans la forme indiquée ci-dessus, les autorités intéressées;

6° Toutes les fois que l'enquête aboutit à la constatation qu'il y a eu soit émission de chèque sans provision, soit ordre de ne pas payer sur la provision existante, soit toute autre manœuvre tombant sous le coup des pénalités prévues par la législation sur les chèques, le commissaire de police se conforme aux règles suivantes :

Si le délinquant est en fuite ou s'il résulte des circonstances de l'affaire que sa mauvaise foi est manifeste, la procédure est immédiatement transmise au Parquet en vue de sa comparution en police correctionnelle;

Si, au contraire, le tireur ou l'endosseur du chèque impayé a pris l'engagement de désintéresser le cercle dans un délai déterminé, les effets de la plainte peuvent être suspendus jusqu'à l'expiration de ce délai qui, sauf autorisation expresse accordée par la Direction de la Sûreté générale sur la demande du cercle, n'est pas susceptible d'excéder deux mois à compter de la date du protêt. Passé soit le délai de deux mois, soit le délai supplémentaire accordé par la Direction de la Sûreté générale, la procédure est transmise au Parquet comme il est dit plus haut;

Si, enfin, le cercle a été intégralement désintéressé, intérêts et frais compris, dans les délais impartis, le dossier de l'affaire peut être classé purement et simplement par décision du préfet.

Dans l'un ou l'autre de ces trois cas, la solution intervenue est portée à la connaissance de l'Administration supérieure par les soins du commissaire de police et dans la forme prévue au paragraphe précédent;

7° L'exclusion, pour non-payement d'un chèque, entraîne nécessairement, de la part de la Direction de la Sûreté générale, une décision d'interdiction de jeux et celui qui en a été l'objet ne peut plus ni faire partie d'un cercle, ni pénétrer dans un casino;

8° Le texte du présent article et celui de l'article précédent sont affichés, d'une manière très apparente, dans le salon du cercle où est installée la caisse chargée de l'escompte des chèques.

Art. 3. — Ne sont pas considérés comme prêts d'argent et ne donnent point lieu à l'escompte de chèques les crédits consentis, par quelques cercles strictement fermés, à tous leurs membres indistinctement, dans la limite d'un maximum déterminé et à charge de remboursement, sous peine d'exclusion, dans le délai de quarante-huit heures.

Art. 4. — Les jeux ne peuvent être pratiqués qu'argent comptant. Au baccara à deux tableaux, au baccara chemin de fer, à la chouette, à l'écarté et à tous les jeux où les pontes risquent une somme déterminée à l'avance, il est formellement interdit de donner les cartes tant que toutes les mises annoncées ne sont pas représentées sur le tapis par des billets de banque, du numéraire ou des jetons. Dans le cas où, par suite de l'inobservation de cette règle essentielle, un incident viendrait à se produire, l'article premier du présent arrêté, en interdisant tout prêt d'argent, même pour régler une différence, s'oppose à ce que le cercle se substitue au joueur défaillant pour désintéresser le gagnant qui s'est trop pressé pour donner les cartes et qui doit, le cas échéant, subir seul les conséquences de cette faute.

En pareil cas, le comité du cercle est tenu de prononcer l'exclusion immédiate du membre qui n'a point payé la mise annoncée et d'en donner avis à l'Administration, en vue de la décision d'interdiction de jeux, par l'intermédiaire du commissaire de police et dans la forme indiquée à l'article 2 ci-dessus pour les chèques impayés.

Art. 5. — Les cercles apprécient s'il y a lieu de faire afficher dans les salles de jeux le texte de l'article précédent.

Art. 6. — Les vêtements des croupiers doivent être sans poches pendant le travail.

Art. 7. (1). — ....
....

(1) Cet article ajoute deux paragraphes aux « Dispositions relatives à la tenue des carnets d'enregistrement des cagnotes » (voir ci-après annexe n° 5).

Annexe N° 1.

1er MODÈLE ANNEXÉ AU DÉCRET DU 22 JUILLET 1923

Demande d'autorisation de jeux

(A formuler par les cercles fermés susceptibles de solliciter par la suite un régime spécial au point de vue du contrôle).

Au nom du comité d'administration (sous quelque nom qu'il soit désigné dans les statuts) du cercle dénommé.........................

constitué le......................., à.............................

(département d.......................), rue....... ...., n°...,

lequel cercle a souscrit le............... ....
la déclaration prévue par l'article 5 de la loi du 1er juillet 1901;

Nous soussignés, membres dudit comité :

M.................., président du cercle, ou vice-président délégué à cet effet par le comité;

M.................., trésorier ou membre du comité délégué dans les fonctions de trésorier (si le trésorier est empêché ou si le comité ne comporte pas cet emploi);

M.................., membre du comité;

M.................., membre du comité;

Prions M. le Ministre de l'Intérieur de bien vouloir, par application de l'article 47 de la loi du 30 juin 1923, prendre un arrêté nous autorisant à pratiquer les jeux de hasard dans les salons du cercle.

A cet effet, nous prenons l'engagement :

1° D'assurer la direction et le fonctionnement des jeux de hasard, tels qu'ils sont définis par l'article 2 du décret du 22 juillet 1923, en conformité des règles qui seront fixées par décret, par arrêté ministériel ou par instructions administratives;

2° De verser régulièrement au Trésor le montant de l'impôt sur le produit brut des jeux de hasard dont le cercle pourrait être redevable;

3° De nous soumettre aux mesures de contrôle qui seront prévues par l'arrêté d'autorisation.

Nous déclarons d'autre part :

a) Que les jeux de hasard qu'on pratiquera dans le cercle sont les suivants ....

....

b) Que le produit brut des jeux sera versé dans la caisse du cercle en totalité, sans que personne en conserve une part quelconque à son profit;

c) Qu'aucun membre du cercle, faisant ou non partie du comité d'administration, ne recevra de rétribution, pour sa participation à l'administration du cercle, notamment en matière de jeux, sous quelque forme que ce soit (mensualité fixe, part sur le produit des jeux, frais de représentation, jetons de présence, repas gratuits ou autres avantages en nature, dont ne bénéficieraient pas les membres du cercle, etc.);

d) Que la direction des jeux sera assurée de la manière suivante (1) : ....

....

e) ....

(Indiquer à cette rubrique si les jeux seront pratiqués avec ou sans croupiers).

f) Que les salons de jeux seront absolument fermés à toute personne étrangère au cercle, et qu'il ne sera jamais apporté d'exception à cette règle;

---

(1) Fournir ici des renseignements très explicites sur la manière dont les jeux seront dirigés et sur les personnes qui assureront cette direction.

Faire connaître si l'autorité dans les salles de jeux sera exercée soit par un ou plusieurs commissaires des jeux, membres du cercle et ne bénéficiant, en raison de la mission qui leur est confiée, d'aucun avantage matériel, soit par un ou plusieurs chefs de partie (sous quelque titre qu'ils soient désignés), devant recevoir sous telle forme, une rétribution de telle quotité.

g) Qu'en ce qui concerne les admissions, les dispositions statuaires seront strictement observées dans toute leur rigueur;

h) Que le taux de la cagnotte aux différents jeux de hasard sera, sous réserve de l'assentiment de l'Administration fixé comme il suit : ....
....

Les renseignements ci-dessus sont certifiés sincères et véritables par les soussignés.

A......................., le.................... 19......

(Signatures.)

(Les quatre signatures doivent être légalisées par le maire ou le commissaire de police sur l'expédition sur papier timbré.)

Annexe N° 2.

2e MODÈLE ANNEXÉ AU DÉCRET DU 8 MAI 1929

(remplaçant le 2e modèle annexé au décret du 30 juin 1923).

Demande d'autorisation de jeux.

(A formuler pour les cercles ouverts).

Au nom du cercle dénommé..
constitué le..................................... à..........................
(département d.........................) rue....................., n°......
lequel a souscrit le...
la déclaration prévue par l'article 5 de la loi du 1er juillet 1901;

Nous soussignés :

M.................................... (1) ....;
M.................................... (2) ....;
M...................................., président du cercle (3);
M...................................., membre du comité d'administration,

Prions M. le Ministre de l'Intérieur de bien vouloir, par application de l'article 47 de la loi du 30 juin 1923, prendre un arrêté nous autorisant à pratiquer les jeux de hasard dans les salons du cercle.

A cet effet, nous prenons l'engagement :

1° D'assurer la direction et le fonctionnement des jeux de hasard, tels qu'ils sont définis par l'article 2 du décret du 22 juillet 1923, en conformité des règles qui seront fixées par décret, par arrêté ministériel ou par instruction administrative;

---

(1) Chargé de la direction des jeux en vertu d'un traité passé le.............. avec le comité d'administration du cercle ou membre du cercle, chargé, etc...... ou toute autre formule indiquant le situation exacte dans le cercle du tiers sur lequel le comité d'administration s'est déchargé de ses attributions en matière de jeux.

(2) Principal associé du précédent ou principal collaborateur du précédent.

(3) Ou vice-président.

2° De verser régulièrement au Trésor le montant de l'impôt sur le produit brut des jeux de hasard;

3° De nous soumettre aux mesures de contrôle qui seront prévues par l'arrêté d'autorisation.

Nous déclarons d'autre part :

a) Qu'il n'existe dans l'immeuble où le cercle est installé, ni dans les immeubles limitrophes aucun café, restaurant, hôtel, dancing ou établissement similaire (1);

b) Que le cercle possède une entrée spéciale, sur la rue, qui lui est exclusivement réservée (2);

c) Que les jeux d'argent que l'on pratiquera dans le cercle seront les suivants :

....

....

d) Que le taux et les conditions de la cagnotte des jeux de hasard seront fixés comme suit :...

e) Que les droits fixes payés par les joueurs pour pouvoir prendre part aux jeux de commerce seront fixés par séance, aux taux ci-après :...

....

f) Qu'en dehors des deux premiers signataires de la présente demande, les personnes suivantes exerceront, en telle qualité, une autorité dans les salles de jeux...

....

Les renseignements ci-dessus sont certifiés sincères et véritables par les soussignés.

A.................., le....................19....

(Signatures).

(Les quatre signatures doivent être légalisées par le maire ou le commissaire de police sur l'expédition sur papier timbré).

---

(1) Ou « Que le cercle est absolument indépendant de.. .. .. (*indiquer le ou les établissements qui se trouveraient dans l'immeuble ou dans les immeubles limitrophes*) et qu'aucun de ses fondateurs ou de ses dirigeants ne possède d'intérêts dans cet établissement (*ou dans ces établissements*).

(2) Ou indiquer avec précision de quelle manière l'entrée du cercle est disposée.

Annexe N° 3.

1er MODÈLE ANNEXÉ AU DÉCRET DU 8 MAI 1929

Déclaration de changement de Président du Comité de direction des jeux.

(Régime général. — Cercles ouverts).

Au nom du cercle dénommé....................................
sis à........................... (département d........................)
rue.............., n°........, lequel cercle a souscrit le.............,
la déclaration prévue par l'article 5 de la loi du 1er juillet 1901;

Nous soussignés :

M.................................. (1) ....;
M.................................. (2) ....;
M.................................., président du cercle (3);
M.................................., membre du comité d'administration,

Rappelons :

Que le cercle a été autorisé à pratiquer les jeux de hasard par arrêté du Ministre de l'Intérieur en date du.......................
Que, depuis cette date, les fonctions de président du comité des jeux ont été remplies par M...................................(4).

(1) Chargé de la direction des jeux en vertu d'un traité passé le................ avec le comité d'administration du cercle ou membre du cercle chargé, etc..... ou tout autre formule indiquant la situation exacte dans le cercle du tiers sur lequel le comité d'administration s'est déchargé de ses attributions en matière de jeux.

(2) Principal associé du précédent ou principal collaboraleur du précédent.

(3) Ou vice-présidenl.

(4) Ou ont éte remplies successivement :
Par M.......... du....... au.......
Par M.......... du....... au.......
Par M.......... du....... au.......

Déclarons :

Que, par suite de..(1), ce dernier doit cesser (*ou a cessé*) de remplir ses fonctions à la date du..........

....

Que le comité d'administration du cercle a désigné pour le remplacer le premier signataire de la présente déclaration et sollicite l'approbation de cette nomination, qui ne deviendra définitive que le jour où cette approbation lui aura été notifiée par M. le Préfet.

Les renseignements ci-dessus sont certifiés sincères et véritables par les soussignés qui demandent à M. le Préfet de vouloir bien autoriser le cercle à continuer à pratiquer les jeux de hasard, jusqu'à la notification de l'approbation sollicitée, sous la direction intérimaire de M...membre du comité d'administration (2).

(Supprimer la fin de cette phrase à partir de « qui demandent » si le président doit attendre, pour se retirer, l'approbation de la désignation de son successeur).

A....................., le.....................19....

(Signatures).

(Comme la demande d'autorisation, la présente déclaration est établie en triple expédition, dont une sur papier timbré. — Les quatre signatures doivent être légalisées par le maire ou le commissaire de police sur l'expédition sur papier timbré).

---

(1) Indiquer le motif pour lequel le précédent président du comité de direction des jeux a cessé ou doit cesser ses fonctions, décès, démission, maladie, dissentiments, etc.

(2) Ou membre du comité de direction des jeux.

Annexe N° 4.

MODÈLE ANNEXÉ AU DÉCRET DU 18 MARS 1924

DÉCLARATION

à faire par les Cercles qui estiment que les seuls jeux d'argent pratiqués dans leurs salons sont susceptibles d'être rangés dans la catégorie des jeux de commerce (1).

Au nom du comité d'administration (sous quelque nom qu'il soit désigné dans les statuts) du cercle dénommé.................
sis à.................... (département d.......................).
rue.............................. n°......, lequel cercle, qui existe depuis le..., a souscrit le........................ la déclaration prévue par l'article 5 de la loi du 1er juillet 1901;

Nous soussignés,

M................., président du cercle, ou vice-président délégué par le comité pour souscrire la présente déclaration;

M................., membre du comité;

M................., membre du comité;

Déclarons :

1° Que les jeux d'argent pratiqués dans le cercle sont les suivants :

....

....

(1) Du moment que certains jeux d'argent y sont pratiqués et même si ces jeux ne paraissent point présenter le caractère de jeux de hasard, tous les cercles qui n'ont point demandé l'autorisation de jeux prévue par l'article 47 de la loi du 30 juin 1923 sont obligatoirement tenus d'adresser cette déclaration au préfet (ou au sous-préfet) qui en délivre récépissé, en trois expéditions dont une sur timbre, avant le 1er juin 1924 pour les cercles qui existaient à la date du 1er avril 1924, ou dans les deux mois de leur constitution pour les cercles créés postérieurement à cette dernière date.

2° Que le taux et les conditions de la cagnotte de ces jeux sont fixés ainsi qu'il suit (1) :

....

....

....

....

....

....

3° Que, pour les trois dernières années, le produit brut de ces jeux, sans aucune déduction pour quelque cause que ce soit, a atteint en 1921 : francs....................; en 1922 : francs...................; en 1923 : francs....................; (cette rubrique est à supprimer pour les cercles nouvellement constitués et pour tous ceux où les jeux sont pratiqués sans cagnotte);

4° Que le cercle ne retire (ou ne retirera) de ces jeux, de quelque manière que ce soit, aucun autre profit;

5° Que le cercle est imposé à la taxe sur les cercles ou lieux de réunions, ainsi qu'il résulte de l'avertissement ou de l'extrait du rôle ci-joint (2) *ou bien* qu'à la date du..........................19...... le cercle s'est fait connaître à l'Administration des contributions directes en vue de l'imposition à cette taxe.

Les seuls jeux d'argent pratiqués dans le cercle nous paraissant susceptibles d'être rangés dans la catégorie des jeux de commerce (3), tels qu'ils sont définis à l'article 2 du décret du 22 juillet 1923, modifié par l'article 3 du décret du 18 mars 1924, le cercle continuera, sous réserve de l'avis contraire de l'Administration, à les pratiquer dans les conditions indiquées plus haut et sans verser au Trésor l'impôt institué par les articles 47 et 48 de la loi du 30 juin 1923.

Nous prenons au surplus l'engagement de tenir l'Administration

---

(1) Ou « Que ces jeux, pratiqués sans cagnotte, ne sont pour le cercle, la source d'aucun profit direct ou indirect ».

(2) Les extraits de rôles sont délivrés par le percepteur moyennant une rétribution de 25 centimes par extrait.

(3) Quant aux jeux de hasard, les termes généraux du premier paragraphe de l'article 47 de la loi du 30 juin 1923 ne permettent de les pratiquer, *même sans cagnotte*, qu'en vertu d'une autorisation du Ministre de l'Intérieur. D'ailleurs les prescriptions de l'article 3 du décret du 22 juin 1923 s'opposent, d'une manière presque absolue, à la suppression de la cagnotte des jeux de hasard, puisque la seule exception possible vise les cercles constitués avant la promulgation de la loi du 30 juin 1923 et où cette catégorie de jeux aurait été constamment pratiquée sans cagnotte depuis le 1er juillet 1921 ou depuis la constitution du cercle, si elle est postérieure.

au courant des changements qui viendraient à se produire aussi bien dans la nature des jeux pratiqués que dans le taux et les conditions de leur cagnotte.

Les renseignements ci-dessus sont certifiés sincères et véritables par les soussignés :

A.. ...., le.................... 19......

(Signatures).

Les trois signatures doivent être légalisées par le maire ou le commissaire de police sur l'expédition sur papier timbré.

Annexe N° 5.

DISPOSITIONS

RELATIVES

A LA TENUE DES CARNETS D'ENREGISTREMENT

DES CAGNOTTES

Il est tenu, dans les conditions de régularité exigées pour les livres de commerce, autant de carnets distincts qu'il y a de croupiers et d'employés chargés d'encaisser la cagnotte des différents jeux.

Chaque carnet porte sur sa couverture le nom du croupier ou de l'employé qui a seul qualité pour l'utiliser.

Les carnets sont cotés, paraphés et visés, *avant tout usage*, par le Contrôleur des Contributions indirectes. Ils ne doivent présenter ni blancs, ni lacunes, ni transports en marge, ni grattages ou surcharges. En cas d'erreur les rectifications sont faites à l'encre rouge et approuvées en toutes lettres par le titulaire du carnet et par un membre du Comité de direction.

Le carnet n° 3 est servi toutes les fois qu'on ouvre la cagnotte, c'est-à-dire chaque fois que le titulaire du carnet quitte son service momentanément ou définitivement.

Toutefois, si les mesures prises pour la conservation des cagnottes pendant l'intervalle des séances paraissent suffisamment efficaces pour éviter tout abus et si ces mesures permettent aux agents de contrôle de procéder inopinément à la vérification des cagnottes ainsi conservées, le cercle peut être autorisé par l'Administration à n'ouvrir chaque cagnotte qu'une seul fois par jour, au moment où le titulaire du carnet quitte définitivement son service, sous réserve bien entendu des ouvertures exceptionnelles qui pourraient être requises, en cours de journée, par un agent de contrôle, ou prescrites de sa propre initiative par un membre du comité de direction des jeux.

D'autre part, il est rappelé que, conformément aux prescriptions finales de l'article 8 de l'arrêté du 14 novembre 1923, le carnet n° 3 ne doit jamais être tenu par l'employé qui en est titulaire et dont le rôle se borne à certifier, par sa signature, l'exactitude des indications et des chiffres qui y sont portés.

Le timbre à date est apposé sur la souche du dernier ticket détaché de chacun des carnets de tickets mis à la disposition du titulaire du carnet d'enregistrement des cagnottes et les colonnes 1 à 9 de ce dernier carnet sont remplies avant l'ouverture de la cagnotte. Cette prescription est essentielle et le cercle s'exposerait à des sanctions rigoureuses s'il ne s'y conformait pas exactement.

Si la somme trouvée dans la cagnotte et qui est portée dans la colonne 10 ne correspond pas à celle précédemment inscrite dans la colonne 9, c'est la plus élevée de ces deux sommes qui doit être reportée au registre de contrôle, les tickets nécessaires pour rétablir l'équilibre étant immédiatement détachés dans le cas de différence en plus, et le timbre à date étant apposé, séance tenante sur la souche du dernier de ces tickets.

Sous aucun prétexte, la compensation n'est admise entre les erreurs constatées en sens inverses dans des cagnottes différentes.

NOTA. — *Pour l'inscription des numéros à porter dans la colonne* 14 *voir les dispositions qui figurent à l'avant-dernier alinéa des dispositions relatives à la tenue du Registre de contrôle.*

Annexe N° 6.

DISPOSITIONS

RELATIVES A LA TENUE DU REGISTRE DE CONTROLE

Le registre de contrôle est servi à l'aide des renseignements fournis tant par les carnets de tickets (mod. n° 1) que par les carnets d'enregistrement des cagnottes (mod. n° 3).

Les comptes des jeux sont tenus par cagnotte et par jour, mais si l'une des cagnottes est ouverte plusieurs fois dans la même journée, les sommes trouvées chaque fois sont portées séparément. Ces comptes sont décrits sans interligne au présent registre, qui doit être coté, paraphé et visé par le Contrôleur des contributions indirectes *avant tout usage.*

Les numéros donnés aux carnets n° 3 successivement mis en service et qui sont indiqués au cadre n° 1, forment une série ininterrompue. Les mêmes numéros sont reproduits dans la colonne 2 du registre.

Dès que les résultats du comptage d'une cagnotte sont connus et ont été vérifiés, ils sont portés, le jour même et dans l'ordre où les cagnottes ont été comptées, au registre de contrôle. A la fin de chaque journée, ce registre est totalisé, arrêté en toutes lettres et visé par le président ou son suppléant et un membre du comité de direction.

Le registre de contrôle est tenu dans les conditions de régularité exigées pour les livres de commerce et il ne doit présenter ni grattages, ni surcharges. En cas d'erreur les rectifications sont faites à l'encre rouge et elles sont approuvées en toutes lettres, dans la colonne 15, par le président ou son suppléant et un membre du comité de direction.

Les chiffres afférents à tout nouveau carnet de tickets mis en usage sont soulignés par un trait à l'encre dans les colonnes 5, 6, 7 *et* 8. S'il arrivait qu'un ou plusieurs carnets mis en usage à une séance soient terminés au cours de la même séance, ces carnets seraient portés en accolade dans les mêmes colonnes et désignés par le numéro de leur premier ticket, lequel numéro serait souligné par un trait à l'encre.

Il convient de ne point faire chevaucher les opérations d'une même journée sur deux pages. Autrement les colonnes 9 à 14 ne pourraient pas être totalisées en bas de page. Lorsqu'il ne reste plus au bas d'une page l'espace suffisant pour y faire figurer les opérations d'une journée, la partie inutilisée doit être annulée par un trait à l'encre.

Annexe N° 7.

DISPOSITIONS

RELATIVES

A LA TENUE DU CARNET DES PRÉLEVEMENTS

SUR LE PRODUIT BRUT DES JEUX

La contexture de ce carnet a été conçue de manière à faciliter aussi bien la tâche des cercles que celle des agents du contrôle, en ce sens qu'il fournit dans l'ordre voulu et sans qu'il soit nécessaire de faire aucune nouvelle opération tous les chiffres nécessaires pour remplir le bordereau de versement de dizaine (modèle n° 6) et le relevé récapitulatif mensuel (modèle n° 7).

Le présent carnet comporte une page par mois, chaque page étant divisée en trois parties correspondant chacune à une dizaine, de manière à faire ressortir le montant du versement à faire pour la dizaine.

Les chiffres fictifs portés dans le cadre ci-contre montrent comment les cercles devront procéder :

1° Dans la période pendant laquelle le produit brut de l'impôt reste inférieur au montant de la taxe sur les cercles;

2° Au cours de la dizaine pendant laquelle ce produit brut vient à dépasser le montant de la taxe;

3° Postérieurement à cette dizaine et jusqu'à la fin de l'année;

4° Au cours de la dizaine pendant laquelle on passe d'une tranche dans l'autre.

Annexe N° 8.

CARTE D'IDENTITÉ

délivrée aux fonctionnaires qui ont qualité pour pénétrer dans tous ceux des cercles du territoire où les jeux de hasard sont pratiqués

(Modèle N° 8 de l'arrêté du 14 novembre 1923).

Les cartes de l'espèce ne peuvent être délivrées qu'aux fonctionnaires expressément désignés, soit par décret, soit par arrêté concerté du Ministre des Finances et du Ministre de l'Intérieur, pour exercer un contrôle général dans tous les cercles du territoire français.

Elles sont revêtues du timbre du Ministère des Finances ou de celui du Ministère de l'Intérieur portant en partie sur la photographie.

La carte, collée sur carton de couleur foncée et pliée en deux, présente l'aspect d'un carnet.

Modèle de la Carte d'identité

N°

CONTROLE DE L'IMPOT SUR LE PRODUIT BRUT DES JEUX DE HASARD

(Art. 47, 48 et 49 de la loi du 30 juin 1923.)

MINISTÈRES DES FINANCES ET DE L'INTÉRIEUR

CARTE D'IDENTITÉ délivrée

à M.

Photographie

Paris, le

Le *

Signature du Titulaire :

* Le Directeur général des Contributions indirectes, *ou* le Directeur honoraire chargé du Service des jeux, *ou* le Directeur de la Sûreté générale

Annexe N° 9.

Nomenclature des modèles annexés à l'arrêté du 14 novembre 1923, et qui, sauf le dernier, n'ont pas été reproduits dans le présent fascicule. Il a paru utile seulement de donner ici (Annexe nos 5, 6, 7 et 8) le texte des dispositions relatives à la manière dont certains imprimés doivent être tenus, car ces dispositions ont la même valeur réglementaire que les articles mêmes de l'arrêté.

MODÈLE N° 1. — Carnet de tickets.

— 2. — Compte d'emploi des carnets de tickets.

— 3. — Carnet d'enregistrement des cagnottes.

— 4. — Registre de contrôle du produit brut des jeux.

— 5. — Carnet des prélèvements sur le produit brut des jeux.

— 6. — Bordereau de versement.

— 7. — Relevé récapitulatif mensuel.

— 8. — Carte d'identité des fonctionnaires ayant qualité pour pénétrer dans tous les cercles soumis à la réglementation sur les jeux de hasard.

TABLE DES MATIÈRES

PREMIÈRE PARTIE

TEXTES

concernant la réglementation des jeux dans les cercles régis par la loi du 1er juillet 1901 sur les Associations

DEUXIÈME PARTIE

ANNEXES ET MODÈLES

Pages

www.ingramcontent.com/pod-product-compliance
Ingram Content Group UK Ltd.
Pitfield, Milton Keynes, MK11 3LW, UK
UKHW022127260726
13993UKWH00003B/1290

9 782329 085838